辛一夫 编著

中国民间藏宝鉴赏丛书

中国古玉器 鉴赏与评估

天津古籍出版社

图书在版编目（CIP）数据

中国古玉器鉴赏与评估 / 辛一夫编著．—天津：天津古籍出版社，2009.9
ISBN 978-7-80696-730-0

I. 中… II．辛… III．古玉器—鉴赏—中国 IV．K876.8
中国版本图书馆 CIP 数据核字（2009）第 149815 号

中国古玉器鉴赏与评估

辛一夫 / 编著
出版人 / 刘文君
*
天津古籍出版社
（天津市西康路 35 号　邮编 300051）
http://www.tjabc.net
E-mail:tjgj@tjabc.net
北京阳光彩色印刷有限公司印刷
全国新华书店发行
开本 787×1092 毫米 1/16　印张 13
字数 60 千字　印数 1—3000
2009 年 9 月第 1 版 2009 年 9 月第 1 次印刷
ISBN 978-7-80696-730-0
定价：78.00 元

目录 Contents

目录 Contents

中國古玉器发展概略

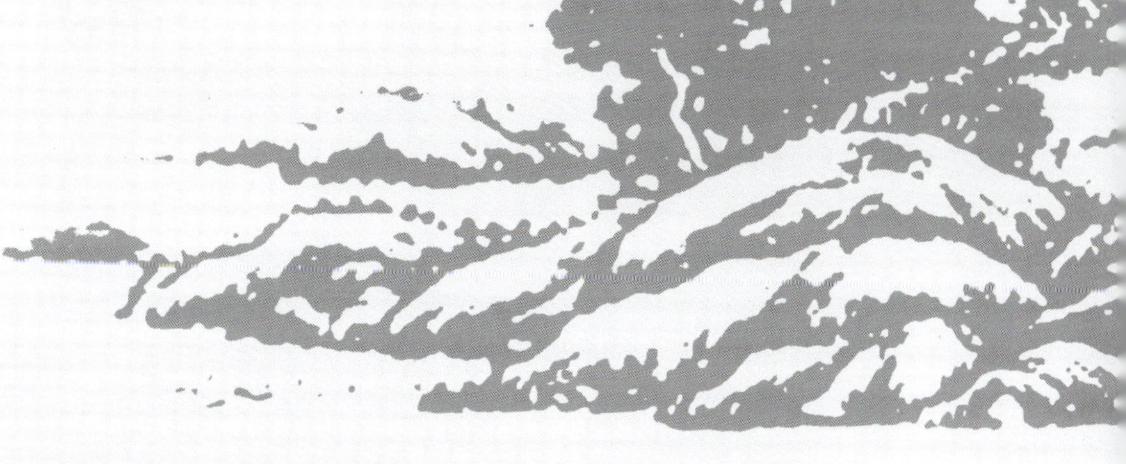

史前时期

■ 红山文化玉器

红山文化大约始于公元前4000—前3000年，属于新石器时代晚期，广泛分布在内蒙古自治区东南部、辽宁省西部、河北省北部地区，是中国新石器时代东北地区的代表。其遗址除集中于老哈河、大凌河流域外，西拉木伦河以北的林西县、巴林右旗、阿鲁科沁旗等地区也多发现。

人们用玉器装饰自己不知道经历了多长时间，但不可否认的是，作为装饰品的玉器标志着原始人类已具备有较高的审美意识和价值观念，同时也反映了当时的生产发展水平。

红山文化玉器绝大多数属于装饰品，红山先民们用原始的工具将动物的形象表现得活灵活现，栩栩如生，极具古朴遒劲之神韵。不过，人们发现其中大型的玉猪龙不可能用来佩戴，因为充满动感的猪龙根本不是现实中的动物，而具有猪——当时人们最重要的家畜的特征，所以应该是红山人崇拜的图腾形象，具有宗教的意义。而所发现的玉璧、玉勾云形器、玉箍形器等，也具有宗教意义，据推测可能是巫师举行宗教仪式中的礼器。

红山文化　勾云形玉佩

以玉为葬，以玉为祭，是红山文化上层建筑的重要组成部分，是中国从新石器时期向青铜时期过渡的共有文化现象。红山文化多处遗址中出土的玉钺，作为随葬品是墓主权威身份的象征，但是在祭祀礼仪中成了巫师手中的法器。玉龟被认为是水中之神，蚕形玉器被认为与土地神有关，勾云形玉器酷似各种神灵的复合体，玉箍形器似为神职人员的用具，玉鸟被认为是凤起源的重要证据。

■ 良渚文化玉器

良渚文化约始于公元前3300—前2200年，其遗址是1936年在浙江省杭州市余杭

良渚文化　玉璜

县良渚镇首次发现的。后来，在南至钱塘江、北至江苏常熟一带的太湖地区广泛发现了良渚文化的遗存，主要遗址发掘地有：浙江余杭良渚、瑶山、反山、吴兴杨家山及钱山漾，江苏吴县，草鞋山、张陵山、武进寺墩、吴江梅堰，常熟三条桥和黄土山，上海青浦福泉山、马桥、金山亭林，南京西善桥大岗寺，安徽阜宁、板胡陆庄等。

良渚文化之前，太湖地区先后出现了河姆渡文化、马家浜文化和菘泽文化。各个时代都制作了风格略有差异的玉器，总的发展趋势是工艺由粗糙到精致、品种由单一到多样、形体由细小到宏大、装饰由简单到繁缛的过程。良渚文化是玉器制作进入新石器时代最为辉煌的时期，和北方的红山文化并驾齐驱，交相辉映，是新石器时期南方玉器制作的代表。

和菘泽文化相比，良渚文化的玉器在制作工艺上取得了长足的进步。就选材来说，绝大部分为质坚色美的透闪石、阳起石软玉，还有一部分为蛇纹石。用石英砂作为解玉砂得到了推广，管钻法在制作大型玉器时被大量使用，程钻法主要用来制作小型器物。从考古发掘情况来看，当时很可能已经出现了原始的砣具。

至今，良渚文化玉器被发掘出来的已经不计其数，其玉质之精美，品种之繁多，技术之精湛，令人赞叹不已。除了少量实用的劳动用具、装饰物以外，其他大多数

良渚文化　兽面纹三角形玉琮

作为社会意识和精神生活的指示物，最重要的是作为祭祀用的礼器，反映了良渚文化时期的政治观念、等级制度、宗教情感、礼仪风俗、社会生活等诸方面的情况，标志着部分玉器开始脱离现实生活，逐渐蒙上神秘的面纱而走上神坛。

夏商周时期

■ 夏代玉器

夏代是中国历史上第一个奴隶制王朝，为大禹的儿子启于公元前 21 世纪建立，标志着华夏民族终于跨进了文明的门槛。

商　玉佩

所发现的夏代玉器数量不多，主要集中在河南偃师二里头文化遗址。从这为数不多的玉器中发现：夏代玉器上承石器时代数千年文明的余绪，下启商代玉器之先声，在中国玉器发展史上占有重要的地位。

许多文献中的资料表明，夏代是一个崇尚玉的朝代。夏文化的文明区域以河南西部为中心，辐射河南、山西、湖北、河北、山东等地。重要的遗址有河南偃师二里头、郑州洛达庙、洛阳东干沟、陕县七里铺，山西夏县等地。不过，因考古资料的缺乏，夏文化的内涵长期以来不甚明了。从偃师二里头文化遗址出土的玉器来看，夏代玉器明显受到红山文化、良渚文化和龙山文化的影响，在造型、纹饰和制作工艺上又与商代玉器有着直接的渊源。

■ 商代玉器

商朝是一个强大的奴隶制王朝，统治时间长达 600 年。奴隶制经济的高速发展，铸造出无数气势磅礴、庄严神秘、纹饰精美的青铜器，令后世仰慕不已。不过，商代的玉器制作并没有因青铜器的崛起而失色，相反，青铜治玉工具的出现促进了玉器制作技术的进一步提高，增加了玉器的品种与表现形式，加上统治者对玉器的重视，使商代玉器制作的规模和工艺水平达到了前所未有的高度。

商代早期的玉器明显受到良渚文化和龙山文化的影响，又融合了红山文化和其他新石器时期玉器的特征，兼容并蓄，去芜存菁。动物形玉雕吸收了红山文化玉器的特色，巧妙运用线刻，造型生灵活现；璧、琮等礼器则明显受到良渚玉器的影响，虽略显衰落但其神圣庄严之感不减；象征性武器工具系直接从黄河流域龙山文化玉器和夏代玉器发展而来。其中，由兵器转化而来的仪仗类武器占有很大比例。

商　玉鹤

商代中期，原始的砣具可能已经出现了。开料、锯割、抛光等技术都已达到了相当高的水平，阴刻、阳凸、浮雕配合巧妙，勾撤法被广泛应用，出齿、阴刻、成组直线大量出现，造型和纹饰精细而清晰，形制规整而匀称。当时制作的玉器主要是礼器和象征性的武器工具类，有璧、圭、环、

商　玉琥

琮、璜、钺、戈、刀、锛、斧、铲、凿等，装饰品不多，动物形玉饰则几乎不见。

公元前 14 世纪，盘庚迁都殷，玉器的制作进入了极度繁荣的时期。当时制作的玉器数量很多，《逸周书 · 世俘解》载：武王灭商时，曾“俘商旧玉亿有百万”。这个数字虽然有些夸张，但也从侧面说明当时制作玉器的数量之多。

商代玉器选料精良，制作工艺高超。当时人们不仅掌握了勾撤、桯钻、管钻、抛光等技法，并能熟练地将线刻、浮雕、圆雕、镂雕、透雕融合在一起，使我国古代玉器制作从平面向立体、由简单装饰向复杂陈设方面迈进了一大步。值得注意的是，当时的玉器仍处于从原始社会末期玉器神化到西周玉器人格化的过渡期，既保留了原始崇拜的残余，同时又将人的因素渗透进去。从此以后，玉器所包含的原始宗教意识逐渐淡薄，其价值日益体现在对人性观念的关注上。

■ 西周玉器

西周是中国奴隶制社会发展的顶峰时期，同时也是一个礼制化的时代，所制定的礼仪制度影响了中国数千年，曾被孔子作为典范来颂扬。在当时的礼仪活动中，随处可见用玉的影子，大量的考古资料和文献记载都充分证明西周是我国古代用玉制度初步完善和发展的时期，并最早赋予玉以道德内涵，对后世产生深远的影响。

礼玉在西周玉器中占有极大的比例。从种类和用途上可以看出，礼玉基本是从石器时代为原始巫术服务到商代为祖先祈祷，再发展为祭祀自然神的演度过程，并

西周　玉鱼

西周　跽坐玉人

西周　鸟型玉饰

制定了严格的用玉制度。《周礼 · 春官 · 大宗伯》载：“以玉作六器，以礼天地四方。以苍璧礼天，以黄琮礼地，以青圭礼东方，以赤璋礼南方，以白琥礼西方，以玄璜礼北方。”对“六器”的功用进行了详细地阐释。而且，还对玉器的使用作出了严格的规定：“以玉作六瑞，以等邦国：王执镇圭，公执桓圭，侯执信圭，伯执躬圭，子执谷璧，男执蒲璧。”这就是所谓的“六瑞”，以此来表示等级制度。另外，礼玉还被上层贵族作为信物用于婚聘、殓葬、军事调动等。可以明显看出，西周玉器出现了人性化的趋向，既反映了西周人的道德规范和意识形态，也为春秋战国时期玉器的人格化奠定了基础。

西周时期严格的宗法制度和礼仪制度，对玉器的种类、造型、纹饰及使用等作出了一定的规范和限制，造成了西周玉器的数量很多但品种较少。主要包括礼器仪仗和装饰艺术品。其造型、雕琢技艺等方面基本沿袭商代后期风格，但从总体来看有简化的趋向。

春秋战国时期

■ 春秋玉器

公元前770年，周平王迁都洛邑，史称“东周”，中国历史进入春秋时期。这一时期，王权式微，诸侯争霸，西周时期制定的礼仪制度不再被人重视，用玉僭越的现象时有发生,出现了“礼崩乐坏”的局面。礼乐制度的衰落，使统治阶级的思想观念发生了很大的变化。礼仪用玉虽然有一定的发展，但装饰用玉在人们心目中的地位却越来越高，并且逐渐占据了主导地位。

春秋时期不仅是社会观念的转变时期，同时也是社会经济的大发展时期。铁制工具的运用，使刻划、镂雕、透雕、浮雕技艺日益娴熟，玉器的作工更加细腻，造型、纹饰更加精美，由西周时期的简约、平面化，逐渐向繁复、立体化方向发展，同时也为战国玉器的辉煌打下了坚实的基础。

春秋　云纹玉环

春秋　平首圭

一般来说，春秋时期的玉器制作分为三个阶段。早期延续了西周晚期的风格，造型、纹饰和工艺仍保留西周玉器的遗风，但图案走向繁缛；中期器物仍以祭祀用的礼器和仪仗用玉为主，许多器物上仍带有朱砂痕迹；晚期起了很大变化，逐渐向装饰用玉方面发展，纹饰也更加繁琐，出现了谷纹、蟠螭纹等新的纹饰，璧、璜、璋等礼器向小型、精美方面发展，适合人们作为佩饰，至此，佩饰种类更加繁多，制作更加精细，更富于人性化。

《礼记》借孔子之言，通过对玉自然属性的深入分析，择绎其外表和本质特征与儒家道德观紧密结合，总结出“仁、知、义、礼、乐、忠、信、天、地、德、道”十一德，奠定了儒家用玉的理论基础，成为君子为人处世、洁身自爱的标准，标志着玉器人格化的确立。

■ 战国玉器

战国时期是一个社会动荡的时期，同时也是思想大解放的时期。“百家争鸣”局面的出现、社会的变革、生产力的发展，思想和艺术上出现了一派繁荣景象。战争的频繁、地域的分裂，并没有阻碍文化艺术的沟通和融合，在东起齐鲁、西至戎秦、南至荆楚、北到燕赵的辽阔区域内，各地绚烂多彩的玉石工艺竞相争艳，相辅相成，共同构成丰富多彩的战国玉文化。

春秋时期，以孔子为代表的儒家学派赋予玉的种种道德文化内涵，战国时期被许多人接受。不仅王公贵族以佩玉为尚，而且出现了普及的倾向。上起王侯，下至庶民，无不以玉为贵，玉器被广泛运用于祭祀、装饰、丧葬等各个领域。

战国时期是人们思想观念大改变的时期，伴随着尊神敬天思想的动摇和夏商以来青铜礼器的盛行，玉器制作以神为本的思想此时发生了改变，玉器在礼器中无与伦比的地位受到很大的冲击，而是多作为信物用于盟誓、朝觐、婚聘、殓葬等，其庄严肃穆之感日减，装饰艺术韵味增多。不过，用玉器祭祀天地鬼神的思想已经根深蒂固，这种独有的功能并没有完全消失，后世仍有继承。

战国　彩沁玉环

铁制工具的大量使用，促进了玉雕工具和碾玉技术的飞跃发展。玉雕工艺一改几千年来的单纯简练和一味追求形似的古朴作风，转而以精雕细琢的工艺、生动传神的造型为特点，突破了春秋时期以装饰玉、葬玉等小件器物为主的特征，制作出大型的玉璜、出廓璧、龙形佩、带钩等。从工艺上讲，战国玉器更加精细，在同一件玉器上，普遍采用阴刻、浅浮雕、镂空、碾磨、接榫等多种手法进行琢磨，那细润的质地、新颖的造型、滴水不漏的雕工以及巧妙灵透的镂空、充满活力的线条，无不令人叹为观止。可以说，战国玉器是中国治玉史上的又一座高峰。

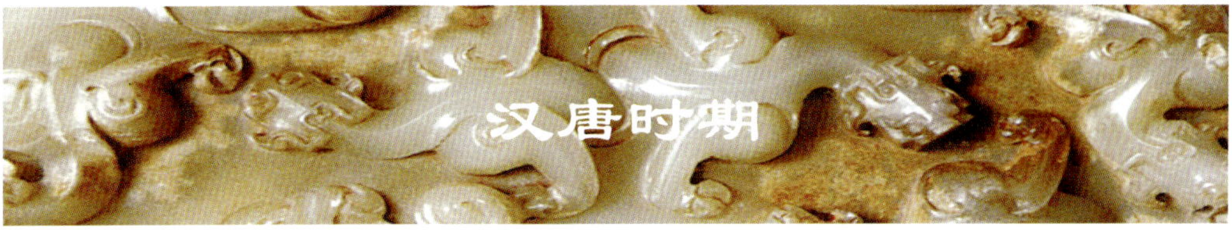

汉唐时期

■ 汉代玉器

秦朝是一个短命的王朝，存在仅 15 年，玉器制作没有大的发展。

汉　龙凤饰

在秦朝废墟上建立起来的汉朝，统治中国长达四百余年，在政治、经济、文化、科技、艺术等方面取得了辉煌的成就，达到了前所未有的高度，是当时世界上最强大的国家之一。中国汉族之名即从那时开始出现，并且辉煌了数千年。

从公元前 202 年汉朝建立，到公元 220 年结束，汉朝分为两个阶段，即西汉和东汉，也称为两汉，是中国古代文化的黄金时期。在政治、经济、法律制度等方面，西汉王朝对秦代的体制一脉相承，但在意识形态方面，尤其是文化艺术领域，则更多地继承了战国玉器以人为本、玲珑清秀的特征，吸收了自由奔放、狂放不羁的楚地文化传统。尤其是以浪漫主义为突出特征的楚文化风格，与中原地区的现实主义风格并驾齐驱，对汉代玉器产生了巨大的影响。无论在内容上还是形式上，汉代玉器都有明显的楚文化烙印。

可以说，汉代玉器是在继承战国时代

汉　风螭饰

玉器传统特色的基础上发展起来的，在艺术风格上则更多地吸收了楚文化玉器的清逸脱俗、自由浪漫的特色，融合成汉代玉器特有的雄浑豪放、气势磅礴的艺术风格，使中国古代玉器达到自新石器晚期、殷商后期以来的第三个高峰。

汉　仙人御瑞兽

汉代玉器吸收战国玉器的精华并有所发展，传统的影响在汉代玉器中根深蒂固。特别是西汉初期的玉器，可以找到许多战国玉器的影子。其后，西汉玉器逐渐摆脱了传统的束缚，开始形成自己豪迈奔放的艺术风格，令世人倾倒。

细腻莹润的和田玉是汉代玉器的主要材质，设计新颖而不墨守成规，构图巧妙而变幻莫测，精雕细琢，纹饰华丽却不落俗套，整体形象充满动态和灵气。儒家思想当时已经占据统治地位，所赋予玉的各种美德也最大程度地展现出来。虽然礼玉仍占据一定的比例，但这些作品与其说重在渲染“礼”的内涵，倒不如说更重在表现“美”的风采。

汉代玉器已经基本摒弃了陈规旧矩的束缚，摆脱了宗教、礼仪观念的禁锢，充满装饰美的圆雕、高浮雕艺术品逐渐成为玉器发展的主流，玉器制作走向注重表现个性化及追求艺术美的最高阶段，这种观念成为此后一千多年玉器发展的主导趋向。

■ 魏晋南北朝玉器

魏晋南北朝前期三国鼎立，军阀割据，后期北方少数民族纷纷崛起，中国社会进入最为混乱的时期。社会动荡不安，战乱不止，经济萧条，整个社会的发展受到极大的影响和限制，玉器制作受到了很大的冲击，进入少见的低潮期。

造成这一时期玉器制作陷入低谷还有其他原因。一是因为禁止厚葬，这是丧葬玉减少的直接原因。再则，儒家学说当时

南北朝　玉辟邪

已不占统治地位，代之而兴的是糅和儒、道而崇尚虚无的玄学。佛教和道教在南北朝时期与儒教分庭抗礼，儒家赋予玉那种道德内涵和礼制观念彻底瓦解，礼玉几乎绝迹了。偶尔所见圭、璧等礼玉，或是前代旧玉，或是仿摹，都没有创新。

在玄学思想的影响下，当时在名门望族中盛行食玉，得到一件质地精美的旧玉或玉料，不是切磋如何藏之深阁，或雕琢成一件稀世珍宝，而是想方设法吃进肚子去。还有，当时战乱不止，割据政权林立，交通阻塞，质地优良的新疆玉难以到达中原地区，玉器制作失去了坚实的物质基础，成了无源之水，无本之木，也对其产生了较大的影响。

魏晋南北朝时期的玉器是介于辉煌的汉代与璀璨的唐代这两个高峰之间的低谷期。虽然玉器的造型、雕琢工艺和艺术风格大多承继汉代传统，但不可同日而语了。随着人们思想认识的转变，先前占重要地位的礼玉与殉葬玉一落千丈，寥若晨星，玉器制作逐渐向装饰玉、实用鉴赏玉方面转变。

佛教也对传统的玉器制作产生了一定的影响，用和阗玉雕制的玉佛出现了，民间也用质地优良的美石雕琢佛像，使有限的玉器制作材料更是捉襟见肘。再则，权贵们将大量钱财投入到石窟开凿上，而不再投入到花费巨大的玉器制作上，也导致了玉器数量的减少。

■ 唐代玉器

隋代在中国历史上占有重要地位。隋朝的统一，结束了长达三百余年的分裂局面，同时也结束了三百余年疯狂“食玉”的劫难，中国古代玉器又一次浴火重生。但遗憾的是，隋朝存在时间较短，所以流传下来的玉器数量很少。况且隋代在文化艺术方面基本保持魏晋南北朝时的风貌，玉器制作尚徘徊在魏晋以来的低谷之中，没有大的突破。

唐 下飞天

在隋朝废墟上建立起来的唐王朝是中国封建社会的又一高峰，统治时间近300年，是当时世界上最为强大的国家之一。社会相对稳定，经济空前繁荣，对外交流频繁，从而创造了辉煌灿烂、举世瞩目的大唐文化。艺术方面取得空前的成就，继承了秦汉以来的优良传统，剔除糟粕，吸取精华，形成了自己美轮美奂的风格特征。再则，当时的大唐王朝是国际贸易和学术交流的中心，将中国传统文化传播的同时，也大量吸收来自中亚、西亚地区的文化艺术，融会贯通，兼容并蓄，开创了宏伟瑰

六朝　系璧

丽的盛唐气象。

由于唐朝统治者尊崇佛教，儒家推崇的玉的各种特殊含义已不被人们重视。然而，玉本身所具有的神秘的光泽、美丽的颜色和雕制成玉器所彰显出来的雍容华贵，反而成为望族追逐的重点。

唐代最著名的是金银器的制作，富丽堂皇的金银器充分显示出泱泱大国的繁荣与富强。金银器制作工艺的蓬勃发展，在一定程度上促进了玉雕工艺的进步。但不容否认的是，金银器也在许多领域取代了玉器的地位，这可能是唐代玉器数量较少的一个重要原因。

唐代玉器在中国古代玉器史上具有承前启后的作用。经济的繁荣发展促进了玉器琢磨工具的进一步改进。中亚、西亚等外来文化的传入给玉器的制作注入了新鲜的血液，唐代治玉工匠在继承传统玉雕工艺的基础上融入了同时代金银细工、雕塑、绘画的某些表现手法，形成自己独特的艺术风格，开一代玉雕之新风，对后世玉器的发展产生重要的影响。现在所发现的唐代玉器数量不多，但从质量上来看，却令人不得不发出“件件是精品”的感慨了。

从魏晋南北朝时期起，礼仪用玉和殉葬用玉逐渐衰落。到唐代时，随着用玉制度的消失和人们思想观念的改变，长期以来一直占主导地位的礼玉和葬玉已基本退出历史舞台，而装饰玉器和观赏玉器渐渐

唐　龙凤纹笔架

唐　玉币

成为玉器制作的主流。

在唐代装饰性玉器中，最有代表性的是玉带板和玉步摇。当时，作为君子品德象征的玉组佩随着儒家用玉体系的破灭而成为历史，代之而起的是各种各样的精美独件玉饰物，如手镯、耳坠、玉簪及种类繁多、形式各异的玉佩饰。艺术品主要包括玉器皿和仿生玉雕。玉器皿制作精益求精，仿生玉雕形神兼备，是唐代玉器中的精华。这类玉器在雕琢工艺上融合了金银细工的精巧别致、雕塑艺术的豪迈饱满和绘画艺术的细致入微，以圆雕、浮雕表现手法表现其外形轮廓，以较粗的阴线体现其神韵，从而改变了汉代玉器雄浑豪放、不拘一格的风范，成为中国玉器制作史上一颗璀璨的明珠。

唐　嵌丝玉瓶

佛教在唐代得到了长足的发展，寺院塔庙鳞次栉比，开凿石窟、雕塑佛像形成一股热潮，佛教艺术充斥社会的各个角落。体现在玉器制作上，就是“玉飞天”的出现和以佛教人物为题材的玉器数量的增多。

宋辽金元时期

■ 宋代玉器

五代十国时期战乱频仍，社会经济不进反退，玉器制作受到很大影响，基本继承了唐代玉器的风貌，但数量远不如唐代，且时间较短，所遗留下来的玉器数量很少。

宋朝是在五代十国的基础上建立起来的，政治上、军事上极度羸弱，但工商业空前繁荣，文化方面也取得了长足的进步。

宋　鸡心佩

宋　鸡心佩

雕塑、绘画艺术的蓬勃发展，也对宋代玉器有一定的促进作用。宋徽宗在政治上绝不是一个明君，但在艺术上是一个奇才，琴棋书画无所不精，对古代文化敬仰不已，尤其对金石学达到了痴迷的程度，嗜玉成癖，从而促进了金石学的兴起。城市经济的繁荣，也间接促进了宋代玉器的发展。当时的内廷设有专门制作玉器的“玉作”，专门为皇家制作复古玉器与时作玉器，无不精妙绝伦。“上有所好，下必甚焉”，民间玉器的制作也兴盛起来，各种各样的玉佩饰、玉用器大量涌现，深入到许多家庭，其题材和内容也更加世俗化了。

辽　玉狮子

在继承汉唐玉器工艺成就的基础上，宋代玉器又融入了光耀千古的绘画技法，玉器纹饰构图复杂，有情节、有背景的景观式构图方式，多角度、多层次地突出主题，形神兼备，完成了由唐玉偏重工艺性、雕塑性向宋玉偏重绘画性、艺术性的转变。制作的玉器多用镂空起突等技法碾琢，立体感更强，形象更加逼真，富有生活气息。刻画现实中的人物，或童子，或仕女，或高士，或神仙，无不形神俱备；描绘现实生活中的动物，或牛羊，或狮虎，或仙鹤，或灵犬，无不呼之欲出；雕琢现实生活中的植物，或牡丹，或葡萄，或寿桃，或秋菊，无不栩栩如生。走向世俗化，这是宋代玉器焕发出来的新的光彩。追随普遍的社会心理，选取日常生活中常见的题材进行现实主义的创作，为后世玉器的发展奠定了坚实的基础。

■ 辽代玉器

辽是契丹人首领耶律阿保机于907年在北方建立的政权，存在了218年。和中原地区的五代、北宋共存，曾控制中国北方的辽阔地区。虽然其政治、文化较为落后，但长期和汉族比邻，治玉工艺和用玉制度上深受中原文化的影响，但又保留了本民族的风尚，形成了别具特色的辽代玉文化。

考古发现的辽代玉器数量不是很多，主要集中在辽宁、吉林和内蒙古等北方地区。就目前的发现来说，辽代玉器的主要

六朝　出廓璧

品种有玉带板、玉佩、玉水盂、玉盒、玉砚、玉飞天、仿生玉雕等。用玉制度脱胎于唐代，规定皇帝用玉带板，五品以上官吏使用金镶玉带。崇尚使用白玉，尤其是优质的和阗羊脂白玉。同时，还使用金银镶嵌玉器，充分显示出契丹贵族生活的奢侈。从种类和造型等方面看，似乎和宋代关联不大，而更接近于唐五代的风格。

辽代玉器不仅融合了唐代玉器和本民族的风格特征，还吸收了西亚文化中的精华，这和善于接受先进文化意识的契丹民族习性有关。正是由于开放的民族性格，在玉器制作题材上非常随意，不受任何程式化的约束，玉器的造型以动物形象为主，具有浓郁的游牧民族生活情趣。

■ 金代玉器

金是女真族首领完颜阿骨打于 1115 年在东北地区建立的政权，存在了 119 年，灭掉辽、北宋后与南宋对峙，后为蒙古所灭。金代玉器工艺在保留本民族特色的基础上，上承辽代玉器的传统，同时又受到宋代玉雕工艺的影响，其艺术风格颇具特色。

元　玉如意吉子

考古发现的金代玉器数量不是很多，主要集中在东北和华北地区，其种类有仿生玉器、玉器皿及大量的花鸟鱼虫图案的装饰艺术品，具有浓郁的时代特色和民族风格。琢制玉器的工匠多数掠自北宋及辽国，材料多来自新疆，其中的和阗羊脂白玉受到金国统治者的极度推崇。来自北宋和辽国的工匠带来了先进的琢玉工艺，又融合女真族的民族特征,所制成的“春水玉”和“秋山玉”是中国玉器制作史上的两朵奇葩。

金代玉器有很强的艺术性，每件玉器不是一件孤零零的物体，而是花与鸟、龟与荷、鱼与草的巧妙组合，动静结合，相辅相成，突出周围的环境特色，富有生活情趣。

契丹族和后来的女真族都是北方的游牧民族，渔猎经济在社会中占有重要地位。契丹族每年的春、秋两季各有一次大规模的渔猎捺钵活动。所谓捺钵,是契丹人在春、秋两季牧场迁徙时所驻扎的行营。金政权取代辽后，承袭了契丹人的旧俗，在每年的春、秋两季举行大型的渔猎活动，并将原来的渔猎捺钵改称为“春水”、“秋山”。春水玉和秋山玉的名称，便由此而来。

所谓春水玉，其题材以春季狩猎活动场面为主。主体图案为镂空的鹘攫天鹅或大雁景象，陪衬以镂雕的花卉、水草。鹘体态小巧，矫捷勇猛，天鹅则惊慌失措，仓惶躲匿。所谓的鹘，又名鹰鹘，主要生

元　兵帅符

长于黑龙江流域，俗名“海冬青”，是女真人心目中的神鸟。它体小机敏，疾飞如电，勇猛非凡，进行人工驯养后，用以捕杀天鹅及大雁。

所谓秋山玉，其题材以秋季狩猎活动场面为主。主体图案以虎、鹿为主，附琢以山石、树林，或单面雕，或双面雕。虎多作蹲坐凝望状，鹿有个体也有群体的，多作奔驰状，充满了淳朴的山林野趣和浓郁的北国情调，与传统的玉器有着本质的区别。

■ 元代玉器

元朝是蒙古人建立的政权。蒙古族入主中原以前，几乎没有玉器制作。灭掉金、南宋，定都大都后，吸收汉族、女真族先进的琢玉工艺，玉器制作业才迅速发展起来，取得了辉煌的成就。

景德镇是元代的制瓷中心，而大都和杭州是当时的玉器工艺中心，内廷的制玉机构及碾玉作坊规模空前庞大。所制作的玉器吸收了宋、金时期高超的镂雕工艺，浮雕技法也被运用得出神入化。继承了宋、金玉器形神兼备的特征，做工渐趋粗犷，不拘小节，对器物表面琢磨一丝不苟，而在侧面、内壁或底部则不甚求精。继续碾制春水玉和秋山玉以及从南宋继承下来的汉族传统玉器，也制作了玉押、玉炉顶等有时代特征的用具和装饰品。春水玉与秋山玉的风格与金代十分相似，但纹饰图

元　凤饰

案稍显繁杂，做工也不及金代细致。继承了南宋玉器制作的工艺，纹饰主要以花鸟、山水、螭虎、海兽等传统图案为主，其中凌霄花最有特色。

中国古玉器一向以小巧玲珑而著称，元代玉器在此方面有了较大的改变，形体逐渐向大的方面发展，著名的“渎山大玉海”是这个时期玉器的代表，高 70 厘米，重 3500 千克，也是整个古代玉器中的杰作，开创了我国大型玉雕的新领域。另外，元代制玉者还继承了宋代仿制古玉器的传统，根据商周青铜器的形制仿造了许多玉鼎、玉簋、玉壶、玉尊、玉瓶等，但纹饰仍留有较明显的时代特征。

中國古玉器

鉴定概要

材质的鉴定

玉材的产地不同，其色彩相同，而化学成份和物理性能大多相异。如岫岩玉与细玉沟老玉同有黄色系，而岫岩玉是透闪石玉（硬度低是蛇纹石）；细玉沟玉质是透闪石、阳起石的集合体（硬度高）。在红山玉器中，也有黄色玉材制成的玉器传世。一些伪品可以用岫岩玉仿其型，但其玉质已自暴其伪了。

新石器时期，各地区选择玉料时，不但重视玉材的质地，更重视色泽、纹理，以及光亮等外在特征。如红山文化的细玉沟玉材制品中，有一种鸡油黄色的玉器，色泽光润可人，那是由于玉料中，所含二价铁经过地热氧化后，变成三价铁所至。

新石器晚期至商代以及周初时的玉材，因受地域限制，所以选用的和田玉较少。和田玉质的玉器，大多为精品。鉴定此期玉器时，应以有时代特征的器型、纹饰、刀工、沁状、神韵为上选。

春秋战国的玉器用材，非常复杂，和田玉的用量明显增大。从大量出土玉器考察，此期精美玉器以一种青黄玉为多。

红山文化　猪首佩

到了汉代，张骞出使西域后，和田玉大量进入中原，玉器制作以和田玉为主，大件的玉器也应运而生。

于此同时，边远地区选用地方玉材制作玉器，中原地区选用产自和田的土古玉（硅板岩）、丁香紫（锂云母石）、特斯翠玉（斜长石、透闪石）、蜜蜡黄玉（白云石、大理石）等玉材制作玉器，都是在鉴定时必须专注精力，通过强度、硬度、手感等去分辨的。

玉色的鉴定

■ 玉石的次生色

变化的玉色

玉石矿因地壳作用而上升到地表，玉石与周围的岩石、土壤、植物发生接触，通过渗透、浸泡、晾晒、靠染等作用，一些矿物成分进入到玉中，其中一些矿物成分发生变化，这些都能改变玉石的原来颜色。同一来源的山料冲到下游变成了子儿料后，因经历外界环境的不同、时间长短的不同、旅途的不同，其他元素渗入玉中的情况就不同，玉皮风化转色和玉质本身色泽的变化也就不同，这样才有了各种子儿料不同的皮色与玉色。

西周　玉握

宋　玉尊

和田玉是中国古代玉器的传统材质，其原生色包括白、黄、青、碧、墨五种颜色，人们往往依据原生色来命名不同的玉种。但因这五种颜色之间的交融而改变形成的颜色、因含杂质形成的颜色、玉石与基岩之间交融形成的颜色等，就非常复杂了。

玉石裸露在地面上，经长时间的风吹、日晒、雨淋、氧化等作用，表面又发生了巨大变化，表层局部又出现了红色、黄色、白色、褐色、黑色等玉皮。这种变化属于自然施为，被称为“自然次生色”，尤其是子儿料表现得更加明显。

玉石被开采出来，再制成了各种玉器，经人工盘摸、染色、随葬，后发掘出土，再为人所佩戴、把玩而造成的颜色改变，被称为“人工次生色”，情况就更加复杂了。

氧化与玉色

和田玉料长期暴露在空气中，会产生氧化。虽然这种变化是非常缓慢的，但从岩石学角度来说，璞玉的玉皮与内部同为一种矿物，成色应该相同，但事实并非这样。人们在相玉时，往往透过玉皮猜测里面的颜色，因为玉皮与内部的颜色大多不一致。历史上著名的“和氏璧”的故事中，楚人卞和两次被砍腿，就是因为这块璞玉内外不一的缘故。

玉料在空气中会因氧化作用而产生颜色上的变化，但这种风化和颜色变化视材质的细密程度而不同。质地坚细的玉料所产生的风化要小，或者不产生变化；很多采集到的子儿料，表面莹润，几乎没有色泽上的变化。质地松散的产生的变化较大。

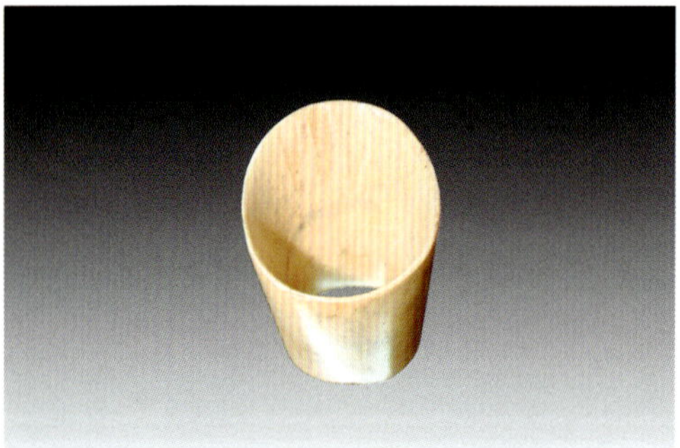

红山文化　蹄状冠饰

红山文化　猪龙玦

玉材在空气中被氧化而产生的色变的过程是非常缓慢的，一些玉器在自然状态下置放数百年，表面色泽几乎没有变化。经考证发现，玉器在自然状态下置放500年左右，有的表面或可产生可辨识的微小色变，这种色变往往发生在某些白玉、青玉制成的传世古玉上。清末吴大澂在《古玉图考》中说：“玉未入土，流传世上，历年即久，古气盎然，间或有显著璊斑者。”“璊”指红色的玉，璊斑就是红色斑。璊斑应该是长期用手盘玩而形成的，但空气的氧化作用也不可低估。

■ 出土古玉的特征

出土古玉为何多

清末刘大同在《古玉辨》中说：“玉之未入土者，名曰传世古，又名自来旧。”中国玉器的历史长达8000多年，早期的玉器能够不埋藏地下而流传下来的几乎是不可能的事。而流传下来的早期玉器，绝大多数是出土古玉。

古代玉器被埋入土中的原因很多。首先是殉葬用玉。自古以来，玉器以其神秘而美丽的外形而受到人们的敬畏，将其作为与上天沟通的媒介，认为玉器有保护尸体不腐的特殊功效，而逝去的先辈在阴间仍需过常人生活的观念也促使人们将珍贵的玉器作为陪葬品埋在墓中。就现在出土玉器的情况来看，包括祭祀用的礼器、彰显权威的兵器、装饰美丽的饰物和用玉制作的器皿等，几乎所有的玉器品种都曾被作为殉葬用品。再则，稀有的玉器以其自身的价值被作为财富的象征。战乱之时埋藏到地下期望将此财富保存下来的情况也不少，许多地方发现了窖藏的玉器正印证了这一点。至于因散落而被埋藏的情况就更多了。

受土侵蚀而改变

出土古玉被行内人士称为“古土”。《古玉辨》又说：“凡出土之古玉，通名为古土。轻者为土蚀，曰土锈；重者为土侵，曰土斑。

红山文化　双龙佩饰

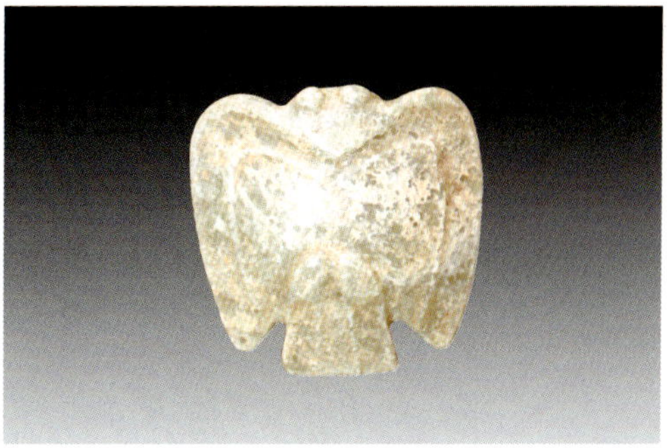

红山文化　玉鹰

皆因地气所蒸。受土吃有深有浅，故现此形。若无此形，便非入土年久之物。亦有入土未旧而即出者，仅含有土气。用开水煮之，土气自退，依然与传世古无异。每有土锈深厚，深入肌理，用刀刻之不易削去者，盖因土有沙性，沁入玉理，合而为一，不易盘出。即盘出，也不及色沁之光洁，耐人摩挲也。”

古玉被长时间埋藏在地下，土壤中所含的矿物质便渐渐渗透到玉里，使原来的玉色和玉质都发生了变化，这种情况被称为“受沁”。受沁的情况要经百年以上才能出现，但因不同地方土壤所含的矿物质成分不同，埋藏的时间长短不同，土壤中所含水分多少的不同，再加上玉质本身的不同，受沁的情况也不同，呈现出来的颜色就不尽相同。

玉器受沁时，表面结构会遭到破坏，呈现出不同的情况。受沁浅者为蚀斑，起伏不平者为“桔皮纹”；深入玉中者为蚀孔，也叫“土咬”；局部受侵蚀严重，朽烂如枯骨、膏泥者叫“唐烂斑”——因唐代及以前土古玉上常见，故有此称。另外，还有洒朱点、蛤蟆皮、鱼籽斑、冰裂纹等。

土咬和沁纹

因土壤对玉器的侵蚀而形成的孔被称为“土咬”，如同蛀虫蛀过一般。自然形成的“土咬”蛀孔通常呈外小内大的不规则状，蛀孔周围有一白化过渡层，孔内呈网状，或有砂粒，或有均质胶体。玉器上质地脆弱的纹络和裂绺处更容易受沁，形成颜色较深的沁纹，多呈凹陷现象，且有向周围扩散之势。依据沁纹的形状，人们通常将其分为牛毛纹、乱柴纹、蚂蚁脚和钉金沁。牛毛纹的沁纹呈同向排列，如牛毛般细密；乱柴纹的沁纹如树枝般呈不规则延伸状；蚂蚁脚的沁纹细如蚁迹，呈不规则网状；钉金沁是说受沁处呈点状凹陷，有黄褐沁色沉积，犹如钉状。

纹饰的鉴定

鉴定玉器时，首先应辨别纹饰形态，理清其名称的来历以及诞生的年代，这是给玉器断代的重要依据之一。

“谷纹”，其形状如五谷的颗粒，春秋末期到战国多被雕琢在玉璧、玉璜、玉瑗、玉觿、玉环、玉珩、玉佩、玉勒、玉管、以及玉簋、玉印、玉羽觞、玉具剑等器物之上。历来有的学者又名其为“蝌蚪纹”。这一纹饰寓意深刻，寄托着为人类乞福的美好愿望！之后，在玉器上，又有的将谷纹用曲线连接起来，是为变种。到了战国晚期延至汉代，又有的将谷纹的尾部去掉，这个没发芽的谷粒，多么像妇乳，因而有的鉴藏家又称其为乳丁纹。这一纹饰的发展变化，为断代提供了依据。

战国　夔龙纹玉璧

战国　谷纹龙

“蒲纹”，以平行线交叉成六角形的斜方格，将乳丁纹格在中间，称为蒲纹。

“云纹”，始于商代（妇好墓出土的玉器已有此纹饰），其形较为抽象：短直线两端各弯一个小的对称的半圆圈。

战国　龙首纹玉环

战国　绹纹玉环

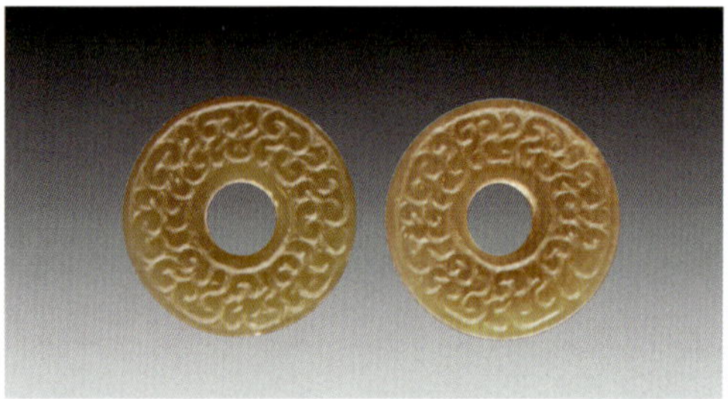

春秋　虺纹系璧

战国　螭纹剑格

“勾云纹”，战国到汉代，玉器上出现了将“云纹”互相勾连在一起的纹饰，称为“勾云纹”。

“螭纹”，螭的形象，似一条蜥蜴，头较大、无角（有角的叫“虬”）。“螭”是龙的前身。《说文》解释：“若龙而黄为螭。”玉器中以螭为饰的器物，东周到汉代最多。

“虺纹”，形如剧毒之小蛇。古人雕琢纹饰多取凶猛的动物形象。

“蟠虺纹”，多条“虺”绕在一起所以有此称。

“圈纹”，分单圈或双圈。特征是在器表上排列齐整。

“皿纹”，形如皿字倒置、上边出三个尖，可参阅商代妇好墓的出土玉器。

“绹纹”，又称“绳纹”，形如两股绳相绕。战国和汉代多在饰物“环”上雕琢。

沁色的鉴定

■ 沁色的成因

地理环境的影响

玉器长时间埋藏在土中，多数受到地热、地压、土壤酸碱度和所含矿物质元素的影响，颜色会发生变化，所产生出来的颜色叫“沁色”。沁色主要与玉材、玉质、地理环境、土壤成分、介质环境、埋藏时间等因素有关。其色彩绚丽斑斓，丰富多彩，历来受收藏家、鉴赏家所珍爱，也是鉴定真伪、断定年代的重要依据。

战国　乳丁盖盒

宋　兽纽玉盖瓶

自古以来，人们对古玉沁色的形成原因做出种种猜测，不断进行研究。普遍认为，地理环境对沁色的形成影响很大。地理环境因素中对沁色影响最大的是土质。

清代鉴定家刘心瑶在《玉纪补》中说：“西土者，燥土也；南土者，湿土也。燥土之斑干结，湿土之斑润溽。干结者色易鲜明，润缛者色终暗淡。土斑而有斑痕者，沙土物也；无土斑而有斑痕者，水坑物也。西北亦有湿土，东南亦有燥土。近水则湿，远水则燥也。”将土质对沁色的影响进行了详尽的描述。总的说来，西北内陆地区干燥，土壤以弱碱性为主，出土玉器沁色较轻，种类较少，以黄褐色的土沁为主；东南沿海地区湿润，土壤以弱酸性为主，出土玉器以白色的水沁为主，种类繁多，以鸡骨白为主。当然，无论是东南还是西北，主要还是土质。

埋藏环境的影响

古人在殓葬时，除玉器外，出于不同目的，往往会在尸身旁放置石灰、朱砂、铜器、水银、铁器等不同的物质。这些物质长时间和玉器埋藏在一起，其物理性质和化学性质对玉器的颜色也会产生很大影响。例如新石器晚期的墓葬中，人们有往棺椁底部铺洒朱砂的习俗，朱砂长时间和殉葬的玉器存放在一起，朱砂的红色就会沁入玉器的肌理，玉器表面会出现“孩儿面”、“宝石红”、“朱砂红”等各种绚丽的色彩。

商周时代殉葬不仅用玉器，而且使用青铜器。铜生锈呈绿色，绿色的铜锈和玉器接触，有可能在玉器表面形成绿色沁。白玉受到含有铁质土壤的酸化作用，就会变成琥珀黄、深褐色或黯黑色。如果是其他颜色的玉器受到含铁土壤的酸化作用，沁色一定是玉材的原生色再加上黄、褐和黑色，所产生新的色泽，自然不会和原来相同。

葬具不同的影响

中国古代的殓葬方式，除将尸体简单包裹或直接掩埋在土中外，通常使用棺椁，常见的棺椁主要是石棺和木棺。

宋　玉印

用石棺殓葬的方法常见于石器时代。石棺坚固耐用，但因契合不严，细沙或泥水渗入棺中，往往造成玉器底部的沁色重，上部的沁色轻。用木棺殓葬的方式最为常见，但木棺不耐久，时间一长就会腐烂，腐朽的棺材和泥土混在一起，就造成了满沁的现象，如同直接掩埋尸体一样。后来敛葬方式有了改变，用石砌或砖砌的墓室安放木棺，棺椁即使朽尽塌陷，只要墓室不塌，玉器则只有接触地面的一面受沁。

不过，并不是所有的入土古玉都有沁色。一个是时间长短的问题，时间短就不可能受沁。另外，有的玉器埋藏在环境干燥的地方，玉质坚硬致密，再因保存得好而没有与墓土接触，受沁的几率就很少，有些根本没有沁。不过这样的例子实在是少之又少。

色彩斑斓的沁色

玉器的沁色五彩斑斓，其色彩之多，范围之广，令人惊叹。古人认为，古玉之美就美在沁色，有“玉得五色沁、胜得十万金”之说。所谓的“五色沁”，一般是指白色的水沁、黄色的土沁、红色的血沁、绿色的铜沁和黑色的水银沁。

据文献记载，古玉有十三彩，即酱紫斑、灵芝紫、枣皮红、鹤顶红、石榴子、黑漆古、水银沁、金貂颜、梨花白、娥眉黛、鹧鸪斑、熊胆绿、甜黄等，巧妙利用比喻，生动形象。另外，还有的以沁色形成的图案来描绘沁色本身，如蟠龙闹海、金星望月、天地玄黄、群仙上寿、日贯长虹、万福攸同等，不一而足。

通常认为，古玉的沁色大致可以分为白、黑、红、黄、绿、青、紫七种。不过，每种颜色又分为不同的具体品种。白色沁有鸡骨白、象牙白、鱼肚白、梨花白、羊脂白、糙米白、水沁等；黑色沁有陈墨黑、纯漆黑、膏药沁、黑漆古、水银沁等；红色沁有朱砂红、枣皮红、鸡血红、鹤顶红、石榴红、血沁等；黄色沁有栗子黄、黄花黄、小米黄、桂花黄、黄杨黄、甜黄、老甜黄、土沁等；绿色沁有松花绿、苹果绿、熊胆绿、铜沁等；青色沁有竹叶青、蟹壳青、鼻涕青、虾子青、澄潭水苍、雨过天青等；紫色沁有茄皮紫、玫瑰紫、紫檀紫、酱紫斑、紫灵芝等。

自然沁色的特征

自然形成的沁色，从表到里由深及浅，富有层次感。比较好的玉质，从“开窗”处往里看，沁层更有立体感。如果是“彩沁”，沁纹与蚀斑处通常更为明显，层次过渡自然。两种以上的沁色，常会发生颜色取代与覆盖现象，比如黑色覆盖红色、红色取代土沁色、水沁覆盖糖沁色等。在器表呈连续分布时，不会因刻痕而中断，刻痕内呈现同一沁色，或因沉积较深而色稍重。不受沁处的刻痕内，则多有粉状白化，或呈原生色。一般来说，刻工比较繁复的地方、比打磨光滑的平面更容易受沁，沁色会比较深，但与周围沁色之间还是会有所过渡与交待。

明　鱼龙戏玉饰

■ 典型沁色举例

石灰沁

石灰沁为白色沁，也叫水沁，古人认为玉器受石灰沁入而成。清代刘大同《古玉辨》中说："受石灰沁者，纯白曰'鸡骨白'，微黄曰'象牙白'，微青曰'鱼骨白'。轻者，色红艳如碧桃，名曰'孩儿面'。"

土沁

人们习惯称黄色沁为土沁或黄土沁，古人认为玉器受土沁入而成。刘大同《古玉辨》中说："受黄土沁者，色如甘栗，名曰玵黄。黄色沁系还有米黄色、鸡蛋黄、秋葵黄、老酒黄、黄花黄、黄杨黄、鳝鱼黄、虎皮黄等。"

据考证得知，南方土性酸、潮湿，多蚀斑坑点；北方土干，为深、浅褐色，俗称"老土"。

松香沁

古人认为松香沁为玉器受松香沁入而成，呈褐色。刘大同《古玉辨》："受松香沁者，色如蜜蜡，名曰老玵黄。"

水银沁

古人认为黑色沁为水银沁入而成，是古玉中较为珍贵的色沁。刘大同在《古玉辨》中对水银沁进行了详尽的描述："地中水银所沁，有浅黄色牛毛纹者，有露白点冰片纹者。""水银沁大者成片，小者成块，细者成线。""常见古玉黑白分明，一半大坑水银所沁，一半地中水银所沁。""地中水银轻如流水，所沁者形似鱼脑冻。""大坑水银所沁者则成黑漆古矣。""水银沁，三代之物为最多，秦汉次之，两晋以后则不多见矣。"

红山文化　彩沁鹰

良渚文化　鸟形玉佩

血沁

紫红色沁为血沁，古人认为是殉葬玉器在地下受尸血沁入而成。刘大同在《古玉辨》中说："受血沁者，其色赤，深者名曰酱紫斑。""或云血不能沁玉，以人死血枯竭，必因地气所蒸，与他物混合为一，方能沁入玉内作深紫色也。此一说也。"

铜沁

绿色沁为铜沁，古人认为是受铜锈沁入而成。刘大同在《古玉辨》中说："受铜沁者，色如翠石，名曰鹦哥。铜器入土，年未旧即生青绿色，年久则尤甚，玉与之邻，为其传染沁入，复原时，比翠石更娇润。”“铜沁还有松花绿、苹果绿、蕉牙绿、瓜皮绿等。”

靛青沁

古人认为青色沁为玉器受靛青沁入而成。刘大同在《古玉辨》中说：“受靛青沁者，色如天青，名曰甜青，此系青衣之色。传染沁入玉理者，深如蓝宝石者，名曰老甜青。”

■ 似沁非沁

古玉器表的“饭糁”、“玉窗”、“玉皮”、“烤皮”、“绺裂”、“蚀斑”、“土吃”等，与沁色非常相似，把它们与“沁”区分开来，是鉴别古玉的一个重要方面。

饭糁

“糁”的原意是饭粒。有的玉质中呈现出不规则的絮状白斑，如同煮熟的大米稀饭，在行内叫“饭糁”。其本质是玉器长时间在水中分子结构发生了变化，类似鸡骨白沁，但绝对不是沁。因其形状如白色的竹花，也有人把它称作“玉花”、“玉英”、“玉液”、“玉雪”、“玉糁”等。

玉窗

因玉器本身的质地和外界因素的影响，大部分受沁，而也有的地方没有受沁，没有受沁的地方被称为“玉窗”，显露出玉的本色，也称“玉池”、“玉肤”。

包浆

包浆是以玉器为载体的岁月遗痕，是在悠悠岁月中因灰尘、汗水，把玩者的手泽揣摩，或者土埋水浸，衣物皮肤经久的摩挲，甚至空气中尘埃的吹拂，层层积淀，逐渐形成的表面皮壳的亮光，显露出的一种温柔的旧气。

烤皮子

清代乾隆和嘉庆时期，为了丰富玉器的形色，盛行留皮巧雕玉器。有的玉器没有留皮，就用火熏烤，类似仿制古玉的“提油法”，制作出黄色、褐色和黑色的玉皮，行内称为“烤皮子”。所烤的部位，玉质稍微低劣，不排除是为了掩饰绺裂和瑕斑。也有的是为了仿制古玉，用这种方法能制作出惟妙惟肖的沁色。

红山文化　玉勾形龙

红山文化　人物图腾

仿良渚文化　玉勒

商　鸟形玉佩

仿良渚文化　兽面梳背

仿良渚文化　人面佩

火烧玉

“火烧玉”的概念有三种：一种是无意识被火烧过的玉器，如天灾人祸；一种是古代葬制的燎痕；或是火烧玉，为了仿古。

人们早在新石器时期就知道，用火烧的方法能够改变玉的颜色。用火煅烧白玉时，在不同的温度下会呈现出不同的色泽，如象牙白、鸡骨白、黑漆古等。

宋旧

所谓“宋旧”，就是宋代玉贾所造的仿古玉器，多有“宣和”、“政和”等字，沁色以红色居多。

沁色的伪制

■ 历史悠久的沁色伪制

中国伪制古玉的历史悠久，人工造沁的历史也同样悠久。《山海经》是先秦古籍，是一部富于神话传说的地理学书籍，同时也是一部科技史，记载了许多先秦时期的科技发明与创造。其中的《南山经》中有这样一段话："有木焉，其状如谷而赤理，其汗如漆，其味如饴，食者不饥，可以释劳，其名曰白蓉，可以血玉。"所谓的"血玉"就是染玉。而权威人士经过考证，认为最迟在晋代，人们已掌握了染玉方法。

仿红山文化　玉鹰

仿汉　玉套环

到了宋代，仿古之风盛行，宫廷和民间纷纷仿制、伪制古玉，开创了中国历史上大规模仿制古玉的先河。明清时期，更是仿制古玉的高峰期。明代高濂《遵生八笺》对当时伪制古玉的情景作了描述："近日吴中工巧，模拟汉宋螭玦、钩环，用苍黄、杂色、边皮、葱玉或带淡墨色玉，如式琢成，伪乱古制，每得高值。"

仿制是因崇古，伪制则是为了获利。但无论是仿制还是伪制，都脱离不了"假"字，都离不开人工造沁。

■ 传统造沁方法

老提油

“老提油”的方法在北宋时期就出现了。清陈性《玉纪》中记载：“虹光草出甘肃大山中，其汁能染玉。用草汁入砂少许，抹于玉之纹理间，用新鲜竹板燃火逼之，则深入玉之肤里，红光自面透背。时人谓之得古法，赏鉴家偶失于辨，或因之获重价焉。此等今颇少识家，呼为‘老提油’者是也。”

这种方法造出来的沁较为难辨。清刘心瑶在《玉纪补》说：“颜色亦鲜明夺目，唯色皆成片，无牛毛、蚌壳等纹。”

新提油

《玉纪》中说：“比来玉工，每以极坏夹石之玉染作。欲红，则入红木屑中煨之，其石性处即红；欲黑，则入乌木屑中煨之，其石性处即黑。谓之‘新提油’。”

《玉纪补》则说：“先用色染，再放于滚油锅中炸透，然其色外浮，纵有血丝亦浮于外面，甚有红白相间，即玉贾所谓‘猪油炖酱’者，细察中发空色，不似真旧，光由内吐，俗谓‘油炸鬼’是也。”

造黄土锈法

在玉器上涂满胶水，然后埋入黄土里。埋藏时间越久，所生的黄土锈也越真。目下地摊上尤多此类“古玉”。

造血沁法

第一种方法：将假造好的玉器放置在火中烧热后取出，抹上血竭或其他红色颜料。等玉器凉下来后再烧再抹。如此反复直到颜色沁入玉中，所成沁斑就像真品了。

第二种方法：拿一定数量的血竭、紫草、透骨草与玉放入一个罐内，罐中注满水，然后用火煮几天，直到颜色已沁入玉内后才取出来，再用莝草将玉的表面磨去一层，

仿春秋　玉环

然后再涂上一层川白蜡，这样假玉就与旧玉中带血沁的相同了。

第三种方法：将血竭一两、蜜陀僧一两、硇砂数分，全部研成细末，一同放在罐内，满注脂油。再将用杏干水煮过的玉器放入油罐内，放在微火上煮。数十天之后，颜色已沁入玉内即可取出，将表面上浮光抹去，上一层川白蜡，就可以了。

造黑斑法

一种方法是将玉器用水煮热，架在铁箅上，用火烧。边烧边抹蜡油，没有时间限制，直到黑斑制成为止。

另一方法是将玉器用被水打湿的旧棉花包好，用柴火烧。火不要太大，旧棉花干时再用水浇，浇水时要注意冷热均匀，以免玉器破裂。等黑色浸入玉质而不是浮在上面发白，就算成了。造出的黑色斑以占整个玉的三分之一为关，颜色呈现出深浅不同的，称为妙品。

仿良渚文化　玉琮

仿汉　玉蝉

猫狗葬

《玉纪补》中说："用夹石之玉，先染以色，次放入油内炸透，再将猫犬杀死，破开肚腹，趁热将玉藏于内，埋在土中数年，然后取出，血淤成团成块，亦有水银光亮隐在玉内，不似真旧之变化百出。"

《古玉辨》认为猫狗玉主要来伪造"土花血斑"："杀一狗不使出血，乘热纳玉器于腹中，缝固，埋之通衢，数年取出，则玉上自有土花血斑……但雕琢之痕，新鲜之色，未有不露骨者。"

羊藏玉

把玉埋入羊腿皮内，主要用来伪造"传世古"。《古玉辨》中说："玉器小者，用刀割生羊腿皮，置于其中，再用红线缝之，不使出血。经三年后取出，玉带红绿，宛如旧物。但盘热时嗅之，微有腥味。"

仿汉　玉镯

乌梅水玉

用乌梅水煮玉，主要用来伪造“水坑古”。《古玉辨》中说：“质松之玉,作成古物，用重乌梅水煮一昼夜，其松处被乌梅水搜空，宛如水激之痕，再用提油法上色，俨然‘水坑古’矣。但玉质太松，其水激之痕终究不如真者之出于自然不着形迹耳。”

草灰—乌梅玉

利用草灰加乌梅水煮玉，主要用来伪造“牛毛纹”沁。《古玉辨》：“玉之有牛毛纹……今之伪造者，每用草灰水稍加乌梅煮之竟日，乘热取出，置之风雪中一夜，使玉纹冻裂，质坚者纹细如发，再加提油上色，以充牛毛纹。”

琥珀烫

琥珀玉以琥珀为染色颜料，将其涂入玉质原有绺缝中；或用金钢钻在玉上刻划出斑点，在斑坑填入琥珀质染料，再用温火烧烤。

火煨法

伪造鸡骨白法，将新玉用炭火煨烤，在炭火未冷却时，用凉水泼在玉上，玉取出后与受地火影响的古玉相似，呈鸡骨白沁。只是这种伪造出的“古玉”由于经过火烧，没有了玉的温润透明的光泽，已同朽烂枯石一样，毫无灵气。

阿叩法

阿叩法即醋屑法，主要用来伪造“橘

仿六朝　玉钏

仿战国　玉兵符

皮纹”巧沁。将玉器用铁屑拌匀加热，然后用热醋淬浸，而后放在潮湿的地里，十几天后再埋入地下。数月后取出，玉器表面会出现桔皮纹，纹中锈如铁红色并且有土斑，如同古玉。因这是乾隆时期由无锡一个名叫阿叩的人创制，故称为“阿叩法”或“叩锈法”。

油炸法

“油炸法”是伪制牛毛纹沁的方法之一。《古玉辨》中说：“若用油炸，皮多裂纹，似牛毛，又似水纹。但体已酥，不能久存。外露浮光，愈盘愈黯，久即成蜡，肉色精光已去，有形无神，故名之为‘油炸桧’。”

锈工法

锈工法主要用来伪制虫蛀烂斑。清代徐秦基《玉谱类编》中说：“有名锈工，则用乌梅水与硝磺、铁屑和玉同煮，更兼久侵，则成烂斑，宛如水锈作虫蛀孔，颜色并能深透……锈工于盘醒后，其色深黄，历久不退。热水泡后，真出土者颜色泛白，如系锈工，则色转黑而光亮。”

■ 现代造沁方法

酸化造沁

用氢氟酸、硝酸或硫酸浸泡，伪造蚂蚁脚、虫蛀等巧沁和灰皮。在酸液中加入朱砂或高锰酸钾，用来伪造黄沁、红沁；酸液中添加硫化汞，伪造黑沁。为了逼真，可在不需酸蚀的地方涂抹上蜡，以伪造“玉窗”。

碱化造沁

碱化造沁又称“高压造沁”。将硫化汞和三氯化铁涂在玉件需要着色的地方，然后用氢氧化钠、碳酸钠、硅酸钠按比例混合，调拌成油脂后将玉件封裹，再放入封

仿春秋　玉璜

仿战国　兽钮印

闭的高压锅内，加到160℃－200℃、80－120个大气压，约100个小时后取出。再用二氧化碳热风吹干，最后用硫酸还原，表面就出现了石灰沁和玻璃光。

电击造沁

电击造沁包括电蚀法和激光戗色。电蚀法是将玉件涂上化学原料作为电蚀一极，通过电解作用在玉件表面染上“沁色”。激光戗色常用于翡翠的染色。

新老结合法

新老结合法就是在传统的作旧方法中加入现代的科技内容。

传统作旧手法有熏、烤、烧、炸、蚀等方法，在这些方法中应用现代材料学的知识，加进了杏干、梅干、红糖、姜黄、血竭、蓖麻油、鞋油、沥青和各种酸、碱、盐等有机染料和辅料，就能制造出令人眼花缭乱的各种“沁色”。

中國古玉器的时代特征

红山文化玉器

玉材

红山文化期的玉器多以岫岩玉中的细玉沟玉（古代称之为医无闾玉）为主要选材。这种玉材的特点是：玉呈黄绿色、深沉、精光内蕴，迎光半透明或微透明，有脂肪光泽，而无耀目的贼光。这种老玉矿的玉种与现代的岫岩玉（蛇纹石）的玉质绝然不同。老玉矿的玉质是透闪石、阳起石的集合体，学术上称之为“闪玉”或“软玉”，即俗称的“真玉”。

东汉　玉把杯

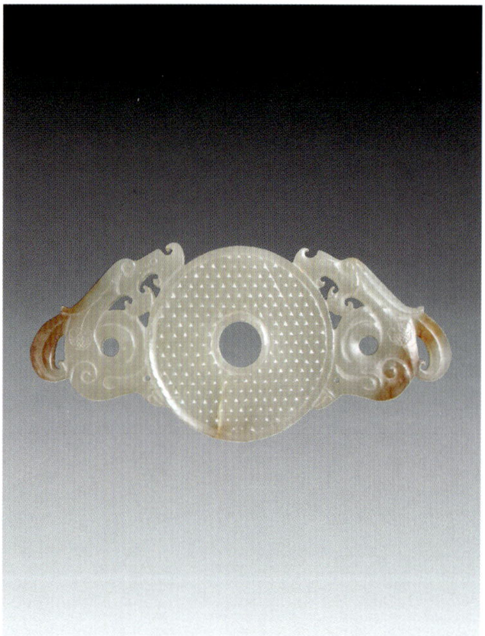

东汉　出廓璧

另外，红山文化玉器中还有绿松石、青金石、玛瑙、玉髓和煤玉等。

沁色

考古发现的红山文化墓葬有石棺墓和土坑墓两种。石棺墓一般在辽宁朝阳市境内较多发现，土坑墓多出现在内蒙古赤峰一带，全都属于较为干旱的地区。石棺墓用石板结合粘土夯实而成，结构坚固，保存较好，墓中渗入沙土很少，不容易受沁；土坑墓容易坍塌，殉葬玉器容易和沙土混合在一起，但所处的环境比较干燥，有受沁现象，但并不严重。

总体来说，红山文化玉器受沁情况并不严重，大多还呈现出玉的本色，即有蜡状光泽。少数有受沁情况，有的表面有很浅的一层雾状白色水沁，有的有黄褐色土沁，还有的白玉作品上呈现出黑色的水银沁。良渚文化普遍存在的鸡骨白沁在红山文化玉器中很少出现。

东汉　玉龙

■ 造型

红山文化玉器一般形制都比较小，多为扁平体。大型器物几乎不见，更无陈设器。现在市面上随处可见的粗大厚重的兽形摆件，都是现代人主观臆造出来的。

红山文化玉器因开料方法和琢磨技术的原始，所以除玉龙等圆雕器物外，无论单面或双面雕琢均有厚薄变化，扁平状的玉器全都是中间厚边缘薄，常将器物外轮廓琢成薄形钝刀状。

红山文化玉器以佩饰为主，多数器物上有钻孔，以方便系带。几何型与动物型是其主体，而器物造型与纹饰的合一，又是红山文化玉器的一大特色。

■ 纹饰

红山文化玉器器形一般较小，但采用大块面雕刻手法。纹饰简洁疏朗，且多为抽象图案。纹饰比较简单，仅在动物的口部、眼部做精细雕琢，动物形佩饰的眼部和口部用阴刻线表达。常用的纹饰为简单的瓦沟纹或阴刻线，一般用减地阳起的表现方式。

■ 工艺

红山文化的刀工朴拙、粗放，从工艺上分为片雕、圆雕、透雕，擅长以磨碾手法制作瓦沟纹，勾云形玉器上面的纹饰即为典型的瓦沟纹。而玉龙、玉鸟上面用减地阳起的方法刻画出阳纹和斜面棱线，触之有感，视之不见。后期出现了阴刻线，

汉　仙人瑞兽

汉　玉杖首

阴刻线无起止痕迹，入“刀”浅，若断若续，但能出现曲线流畅、转折圆润、直线挺拔的效果。

红山文化玉器大多用于悬挂、佩戴，几乎所有的器物都钻有孔洞。钻孔一般分单面钻孔、双面钻孔和倾斜对钻三种方式。无论哪种方式，孔壁上都有螺旋打磨痕迹，古朴自然。

一般为单面钻孔，两端孔径大小不同，呈喇叭状，俗称“马蹄孔”。可能是为了减少钻孔难度，有的孔洞打在凹槽上，有的打在磨薄的平面上。双面钻孔通常用在较厚的大型器物上，孔径两端大、中间小，呈腰鼓状，俗称“蜂腰眼”。有的穿孔对接时有误差，因而孔径内有台阶式痕迹。

倾斜对钻是红山文化玉器琢制工艺的独特技艺，也叫“双眼穿洞单面成孔法”，因似牛鼻孔也叫“牛鼻穿”。通常有三种情况：一种是在器物一面倾斜打两个孔，深处对穿；一种是在高起的脊棱两侧各打一孔，倾斜对穿；再一种是在先磨出的两道横向沟槽内斜向对穿。

■ 种类

红山文化玉器的种类及其造型极为丰富。就目前出土的情况来看，装饰品是主要的玉器品种，另外还有生产工具等，作为礼器的玉琮等没有发现。

红山文化的玉璧、玉环均为素面，形制较小，制作也不很规整，在边廓上多钻有一小孔，双联、三联璧是红山文化的独特器形。

肖形玉佩的品种很多，主要为玉龟、玉鱼、玉鳖、玉璜、玉鸮、玉鸟、玉鹰、玉蝉等动物形佩饰，另外还有勾云形佩饰、圆孔方形佩及马蹄形冠饰等装饰品。

红山玉器中的礼器和其他新石器时代有所不同，主要有丫形玉饰、玉勾形龙、玉猪龙等。玉钺、玉斧等玉兵器也可以归纳到玉礼器中。

良渚文化玉器

玉材

良渚文化玉器所用的玉材比较驳杂，主要以太湖地区宜傈山、天目山和宁镇山一带出产的软玉为主，主要是透闪石和阳起石，质地细密晶润，表面平滑细腻，器物表面呈现宝石光泽。

另有一部分和岫岩玉接近，以蛇纹石为主，可能来自镇江。此外，还有玛瑙、玉髓以及叶腊石等材质。

玉色

良渚文化玉器中有一种独特的粗粒闪玉，原色呈浅黄绿色，受沁后有的变成澄黄或粉红色，轻微吸水。其余大部分玉材多呈青绿色，有的泛青透黄，透明度不高，硬度偏低，手感较轻。而一些精美的良渚古玉所用的玉材，多呈黄绿色，或与沁蚀白化后的淡赭红色相交；华滋润泽、宝光内蕴，手感细腻，受沁后皮壳呈现出深沉的色浆层。有的玉器表面因含微量云母而闪现银点。

良渚文化地处素有“鱼米之乡”之称的太湖地区。地势较低，河汊密布，埋藏在地下的玉器绝大多数长期受沁而变为鸡骨白色，从而失去了原有的半透明光泽。极少数受沁较少，仍保持了原有的黄绿色等玉色。

造型

良渚文化玉器体型庞大，气势雄伟，造型复杂多样。总体来说，良渚文化玉器讲究对称均衡，显得深沉严谨，给人以庄严肃穆之感。

有圆曲型器，如璧、环、璜、镯等；直方器，如铲、凿、斧等；复合型器，如琮、弧刃钺等。

西周　跽坐玉人

■ 纹饰

良渚文化玉器的纹饰多为神徽纹、兽面纹、鱼纹、蝉纹等。装饰技法以阴线刻为主，浅浮雕为辅，线刻技艺达到了炉火纯青的地步。纹饰华丽，新创纹样琳琅满目，有神人兽面纹、束丝纹、绞丝纹、蚩尤纹、立人纹、兽眼鸟纹、云雷纹、蒲草纹等。最有代表性的是良渚玉琮上的神人兽面纹，令人感到莫测高深。

战国　玉龙

良渚文化玉器上的纹饰采用立体纹、底纹和装饰纹三位一体的技法，即先在器物表面用阴刻线刻出底纹，然后在底纹上用浅浮雕的方法勾画出图案轮廓，再用阴刻线在浮雕出的凸面上表现细部。此技法俗称“三层花”。如玉琮上的神人兽面形象，先用阴刻线刻画出圆圈以象征眼睛，两眼之下用浅浮雕的方法雕琢出桥状隆起的鼻子，少数在鼻下阴刻出嘴部，或再以弧线勾勒出脸庞。嘴部有獠牙者，鼻呈圆角长方形，有眼睑和鼻梁或额；无獠牙者，鼻呈蒜头形，无眼睑和鼻梁或额，用以解决兽面平面形象的呆板。设计者匠心独具地采用两个侧面表现立体图形的方式，将原本单调、呆板的兽面形象表现得变幻莫测，令人悚然而惊，称其为“狰狞之美”。

良渚文化玉器神人兽面纹最突出的就是眼睛，很有特色，被称为“良渚眼睛”。除了单圈、重圈之外，还出现了卷云形、菱形、目形、短直线形眼眶，在细节的刻画上更为丰富多彩。

■ 工艺

良渚文化的刀工比较精细，玉器制作的工艺也非常完善。切割玉料通常有两种方法：一种是作直线运动的锯切割，一种是作弧线运动的线切割。

良渚文化玉器的装饰手法以阴线刻为主，浅浮雕为辅，并出现了圆雕、半圆雕、镂空等高难度的装饰技法。有人推测，当时已经有原始的砣具了。尖刻的细线纹似为硬度极高的锐器刻划，如用鲨鱼牙齿划成。在起突的台面上，这种细刻的线纹游走生动，线条细如毫发，往往有跳刀痕迹。

春秋　玉面幕

在钻孔手法上，良渚文化比红山文化也有了很大进步。管钻法被大量使用，主要用来制作琮、璧等大型的玉器。孔壁上会留下螺旋纹或垂直的台阶痕迹，这是由于玉质坚硬对工具不断磨损和对位不准确造成的；桯钻法主要用来钻口径小的孔，所钻的孔越深孔径越小，这是金属钻孔工具出现前的一大特征。许多采用对钻的方法，往往会出现诸如红山文化玉器上的错位现象。

■ 种类

良渚文化玉器种类繁多，既有佩饰性玉器，也有礼器，还有象征性工具和武器等。

良渚文化佩饰性玉器器型主要有鸟、鱼、蛙、鳖、蝉、蚕、兽面纹、串饰等，另有珠、管、镯、觽、玉冠形饰等装饰品。玉冠形饰造型独特，尤其以倒梯形梳背和三叉形冠饰最为有名；玉镯形式多样，有的套在手臂上，有的套在手腕上，可见当时的玉镯可分为臂镯和腕镯两大类。

战国　玉双舞人

战国　玉子南佩

玉工具包括斧、凿、铲、纺轮等。玉斧由石斧演变而来，多为扁平穿孔梯形弧刃，碾制精细，没有刃口，非实用器。良渚文化遗址出土的玉钺数量较多，制作精美，但没有实用性，完全成为军事首领的象征性武器，是标志身份的重要礼器。

良渚文化发现了大量的礼器，主要有琮、璧、璜、瑗、锥形器等。

玉琮最早出现在良渚文化中，同时也是良渚文化玉器中制作最为精美、体形最大的代表性器物。通常是用透闪石或阳起石软玉精雕细琢出来的，普遍使用两面对钻的管钻技术，并运用了较高的抛光技术，造型优美，线条流畅。

夏代玉器

玉材

夏代玉器的主要材质为独山玉，主要来自河南南阳市郊独山。此外，岫岩玉也是夏代玉器的主要材质。

玉色

夏代玉器所使用的玉质普遍欠佳，石感明显，透明度和滋润感不高，大多玉器沁蚀较重，有些沁成鸡骨白。以绿色、绿泛黄色的岫岩玉（蛇纹石）制成的玉器，大多深沁入骨，形似顽铁。

造型

随着古人审美情趣的改变，夏代玉器逐渐脱离了新石器时代的造型风格，所制作的玉器形体较大，但很薄。造型以几何方形为主，注意了细节的装饰，流行在器物上镶嵌他物，在边缘装饰齿状扉棱。受当时独特的社会环境影响，出现了大量的象征性玉兵器，这些兵器较为抽象，多直方形。玉钺为长方形或近圆形，玉圭为平首形，玉刀为长条梯形，尤其是多孔玉刀较以前更薄、更大且平滑。

纹饰

由于审美观念的改变和金属工具的使用，夏代玉器的纹饰逐渐向复杂、多样化发展，动物形纹饰和植物纹却很少见。

阴刻的直线纹、斜格纹是夏代玉器中最常见的装饰纹样，多见于玉刀、玉戈、玉圭、牙璋等方直形玉器上，细劲有力，线深而直，强化了渲染的效果。云雷纹其实包括了云纹和雷纹两种，柔和的回旋线

战国　玉舞人

条组成的是云纹，有方折角的回旋线条是雷纹。云雷纹多用于玉器两端的穿孔之间，两边再饰以阴线刻纹将其框住。二者配合，形成一种磅礴的气势和神秘的审美效果。

夏代的兽面纹吸收了龙山文化兽面纹的特征：橄榄形眼眶，圆眼珠，为典型的“臣”字形眼；宽鼻翼，阔口，口内多有獠牙，给人以恐怖、神秘之感。商代青铜器上的饕餮纹，与此形象相差无几。

■ 工艺

夏代玉器的制作工艺比新石器时期有了很大提高，出现了被称为“砣子”的青铜工具。琢玉的手法也变得多种多样，玉器的制作开始向精细方面发展。

浅浮雕和圆雕工艺的搭配使用，使玉器造型和图案完美地结合起来，这也是夏代王器制作的一大特色。

■ 种类

虽然发现的夏代玉器数量不多，但种类齐全。礼器有圭、牙璋等；象征性武器和工具有戈、钺、刀、戚、斧、铲等；装饰品有镯、管、珠、柄形器、绿松石饰、嵌绿松石兽面纹铜饰牌等。

汉　玉剑首

商代玉器

■ 玉材

商代玉器选材较为精良。当时，新疆的和田玉成为主要的玉材，但大部分属青玉，白玉较少，青白玉、黄玉、墨玉、糖玉更少。由于目前尚缺乏商代时期中西交通的证明，很多学者对和田玉通过什么途径传入中原地区的意见还不统一。不过，和田玉的使用，为商代玉器达到自新石器晚期以来的第二个高峰奠定了必要的物质基础，标志着中国古代玉文化进入了一个崭新的时代。

战国　螭钮玉印

除和田玉外，还有少量的独山玉、岫岩玉、绿松石、孔雀石、青田石等。

■ 玉色

和田玉多为青色，另有白色、碧色、黄色和黑色等。独山玉、岫岩玉多为白色、牙白色、米黄色、浅绿色、黄灰色、枣红色等。

商代的兵器、礼器类玉器所用玉料多为不透明的细石，可能是独山玉。刀、戈类兵器所用玉料特征最明显，常见的有三种材料：一种为牙黄色细石，呈鸡骨白色；一种为暗褐色带有花斑的玉材，这种玉材大量出现于四川广汉地区，河南偃师二里头商代遗址中也曾出现，有些呈青色，斑纹浅淡，近似斑状；一种为暗黑色微透明的玉料，多做成极薄的片状玉刀。

商　玉鱼

商代玉的沁色多种多样，其中最明显的是鸡骨白色，纯白无光。有的玉器仅在边缘处局部有沁色，有的是整体沁色。另外，有些商代玉器上有较重的褐色沁。

■ 造型

商代玉器集前代玉雕工艺之大成，达到了一个新的高度。早中期玉器融合了红山文化、良渚文化、龙山文化和其他新石器时期玉器的特征：鸮鸟、龙等动物形玉器吸收了红山玉器的精华，巧妙运用圆雕和线条装饰，活灵活现；璧、琮等礼器利用良渚文化的装饰技法，给人以神圣庄严之感；象征性武器工具延续了龙山文化和夏文化的风格，简洁肃穆。

商代后期玉器数量和品种大增，体型庞大，纹饰繁缛，线条流畅，独特的艺术风格令后人景仰。就造型来说，这时的玉器大致可以分为扁平玉器和立体圆雕玉器两大类。

扁平动物形玉器很有特色，兽嘴镂空呈多角星或为一钻孔；兽足为方形，其上有数道阴刻直线或折线。玉鸟、璋、钺、璇玑等片状玉器边缘往往用双重锯齿装饰，单个锯齿多为方形，上有小凸齿。

立体圆雕玉器远比平雕玉器的制作难度更大，对玉材、雕刻对象、雕刻技艺都有很高的要求，主要包括琮、簋和人物、动物形象。这类玉器的造型大多呈圆柱体或立方体，细部则以阴刻线和浅浮雕表现。

商　虎形佩

商　玉琮

琮、簋显得端庄，非现实的怪鸟、怪兽则集多种动物特征于一身，造型奇特，显示出商代玉匠丰富的想象力和创造力。而在所有的立体圆雕玉器中，最引入注目的是人物形象，这将商代玉匠高超的技艺和富有浪漫主义的情怀发挥到了极致。

■ 纹饰

同新石器时代相比，商代玉器纹饰繁缛，线条流畅，是中国玉器装饰艺术从简单走向复杂的转折点。装饰线条多为直线纹、折线纹，也有弧线纹。就图案来说，有夔龙纹、鸟纹、兽纹、兽面纹等来源于动物的纹样，还有重环纹、涡纹、瓣状纹等，内容非常丰富。

殷商早期，玉器上的纹饰直线多、弧线少，粗线纹多、细线纹少，阴线纹多于阳线纹。中期以突起弦纹（双钩减地阳起线纹）为典型代表。殷墟后期减地阳起纹线的雕法较少。商代的线纹古朴刚劲、强直有力，俗称“折铁线”。精细的阴线用砣具垂直琢出，线底有沟纹、曲线逐段连接而成，弧的外侧有毛痕。细阴线多为锐器的划痕。“出齿”，周边雕刻出复杂的齿牙为其另一特点。总之，商代玉工雕琢细腻、造型生动、边缘线条舒展流畅。

“天命玄鸟，降而为商”，商代人雕刻其氏族的图腾“鸟”形尤为精工。器物多用图案化手法刻画细部，如“臣”字形眼、云头纹上卷形的鼻涡，或方或圆的卷涡耳等。纹饰造型多样，如皿纹、云纹以及回纹、丁字纹、鳞纹等。

■ 工艺

商代时期，原始的青铜砣具可能已经出现了，质地坚硬的石英砂也被广泛运用于制玉工艺中。由于青铜工具的广泛应用，勾撤、桯钻、管钻、抛光等技法显得得心应手，普遍运用线锯、压割等较为先进和难度较高的技法。石器时代由于工具不力而残留的制作痕迹，在此时已较为少见。当时的钻孔方法主要有两种：一种是一面钻孔，愈深孔径愈小；一种是两面对钻，穿孔两端大中间小，剖面呈蜂腰状。无论哪种方法，孔内都留有螺旋形琢磨痕。

商　凤耳尊

■ 种类

商代是中国古代玉器继新石器时代晚期的又一鼎盛时期，种类繁多，造型丰富。就大的方面来说，可分为礼器仪仗、实用器皿和装饰艺术品三大类。具体来说，包括礼器、仪仗用的象征性武器、工具、用具、装饰品、艺术品以及杂器等七类。

礼器类主要有璧、琮、璜、琥、簋等。玉璧延续了良渚文化玉璧的风格，器形厚重，光素无纹，有的璧面平齐，也有的边缘稍薄呈弧刃状；异形璧玉璇玑也有发现，形制与龙山文化时期的近似，牙上装饰有锯齿状扉棱；玉琮造型与良渚文化接近，但上面的纹饰没有良渚文化时期精美，有的甚至是素面，有的刻有数道弦纹或简单的图案，完全没有良渚文化玉琮上的狰狞之美，呈现出逐渐衰落的趋势。

商　玉琥

商代象征性玉武器品种较多，主要有戈、矛、戚、钺、刀等，完全失去了实用价值，主要用来作仪仗用具。

商代象征性玉工具种类也很多，主要有斧、锛、铲、凿、镰、刀、纺轮等，这

商　玉兽

些工具也失去了实用价值，主要用来殉葬。

用具类玉器包括臼、杵、调色盘、梳、匕等。

商代玉器中的装饰品种类繁多，常见的有环、玦、笄、串饰、镯形器、柄形饰、动物形饰等。玉环孔大而圆，廓薄而窄，通常光素无纹，个别有同心圆阴刻线，有的一面装饰，有的两面装饰，线条整齐清晰；玉玦制作精美，通常作蜷曲的龙型，两面均有纹饰。

属于艺术品的商代玉器目前仅见于商代后期，主要包括立体圆雕的人物和动物形象，这在中国古代玉雕史上写下了极其辉煌的一页。其中以圆雕玉人最为著名，不仅充分反映了商代绚丽夺目的玉雕艺术，也为我们了解商代人的坐姿、服饰、冠式、发式等提供了第一手资料。

商代的杂器种类较多，除玉韘、器座形器和匕首形器外，还有羊头形器、长条尖状器、拐尺形器、器柄形器、玉链等。

西周玉器

玉材

西周玉器多用新疆和田玉，以黄玉、白玉为珍，但贵重礼器多取青玉琢制，习谓“周尚青”。另外，陕西蓝田玉也被大量使用，其质似大理石，多呈青白色，颜色较纯正，有些呈现出墨绿条纹。陕西附近所产的地方玉石也被使用。

西周　玉兽

西周玉器的玉材品种多样，遗址分布的范围很广，所以在环境上有很大差异，所呈现出来的沁色也就不尽相同。西周玉器常见的沁色有鸡骨白色、土黄色、褐色、水银沁等。

玉色

西周玉器玉材复杂，玉色繁多。和田玉多呈乳白色、浅白色、青白色、青色、灰青色、黄青色、黄色等，其他玉石多呈月白色、青绿色、天蓝色、淡绿色、茶褐色、黑色等。

西周　跽坐玉人

造型

西周玉器造型大多承继了商代晚期玉器的遗风，但也有自己的特色。如玉戈、玉琮趋于小型化，圭呈细长状。片状玉器边缘常饰方形齿、花形齿、三角齿、山字形扉棱，其中的山字形扉棱为西周独创。龙的造型多呈“S”形，还出现了交尾龙：龙角根粗、中细、顶鼓，形如蘑菇，和商代晚期没有很大差别；龙嘴大多为长嘴、圆嘴、星纹嘴，大多张口露齿。

西周动物形玉雕一改商代动物形玉雕正面昂首的风格，流行“回首”，充满动感，开创了“回首雕”的先河。

总的来说，西周玉器的风格是朴拙的。那种追求简约、活泼而朴实的风格，显示出周人已从宗教的禁锢中逐渐解脱出来，神权思想开始衰退。

西周　玉带钩

■ 纹饰

西周玉器的造型虽然和商代后期差别不大，但纹饰之华美远远超过了商代。最大的特色是注重曲线的琢磨，着力营造曲线的审美感。线条虽然也用双阴线勾撤法雕成，但无商代玉纹饰的刚劲之风，线条多呈弧形，且勾撤的坡度也较大。和商代玉器相同的是，弧线都是磨接而成，经常出现毛碴，俗称“歧出”，这种技法，到春秋战国时期逐渐消失了。

西周玉器纹饰图样颇多，如云纹、虺纹、螭纹以及雷纹等等。后期，礼器渐少，动物形象的佩饰、坠饰（鸟、鱼、蝉等）渐多。很少有鸮鸟的形象，但流行凤鸟纹、夔纹和双龙首纹。凤鸟最大的特色是长颈、勾喙，后尾上冲。

西周动物形玉器的眼形大部分继承了商代后期的动物眼形，如矩形眼、菱形眼等。“臣”字眼扁而细窄，眼角上勾或上翘，眼角有细长弧线。商代少见的杏核眼成为西周玉器的主要眼形，有人甚至把它作为鉴定西周玉器的标志。另外，还创制了叶形眼、纹丝眼、束丝眼、椭圆眼、橄榄眼等。

■ 工艺

西周玉器虽然继承了商代晚期玉器的工艺特征，但因尚礼而彰显温文，所以刀工少些刚劲，在碾琢技艺方面也有自己独特的风格。《诗经》所载的“如切如磋，如琢如磨”，正是当时治玉工艺的真实反映。

西周玉器以纹饰之美而著称。早期线

西周　柄形器饰

西周　玉璜

条的制作方法基本和商代晚期相同，多用双阴线勾撤法，坡度大、弧线较多；中期以后逐渐重视纹饰的布局，大多不再两侧压地，而是一侧偏刀压地，另一侧保持阴线，线条渐趋繁缛，更多地使用长弧线，纹饰的结构与雕琢方法有了很大变化，阴纹纹饰开始互相勾连。用勾撤法雕琢阴线的方法仍在使用，但阴线剖面一侧垂直，一侧为斜刀，俗称“一面坡阴线”。用“减地起线”法形成的阳线，发展为一侧减地，另一侧保持垂直阴线，使玉雕从平面化走向突显层次感。曲线有了韵律感，莹闪润泽的表征有别于商代的古拙。另外，还出现了双钩垂直阴线。

西周后期，还出现了一种新的纹饰雕琢方法：在一侧垂直、一侧减地形成阳线的雕法中，把减地的斜面加宽，与器表面交接处由漫波改为硬棱，又在垂直的外侧加成排的细阴线，这样，每组线条都由磨光的表面、斜面、平行细阴线三种组成，表面质感、阴影宽度和反光度都不相同，在光线下每一侧都闪起不同的色泽和反光，可充分表现玉材莹润及闪耀的特点。

■ 种类

西周玉器的数量很多，但种类较少，大致可以分为礼器仪仗和装饰艺术品两大类。礼器仪仗类玉器主要包括璧、琮、璜、钺、戚、戈、斧、锛、凿等，仪仗类玉器绝大部分没有使用痕迹；装饰艺术品类主要包括串饰、佩饰和龙、鸟、鹿、鱼等，其中动物形玉饰占的比例很大，多为玉串饰或组佩的构件。此外，纯粹的殓葬类玉器如缀玉面幕、玉琀、玉握等也占了一定数量。

春秋玉器

玉材

春秋玉器的材质更加复杂，和田玉的用量明显增大，逐渐成为主角。另外，岫岩玉、独山玉、密玉和酒泉玉也大量使用，多是各诸侯国就近取材。其他玉石品种也仍在使用，主要有玛瑙、绿松石、水晶等。

玉色

春秋时期玉材的颜色丰富，和田玉以青玉和黄玉为主，白玉较为少见。主要的玉色有青黄色、青色、青白色、黄色、黄绿色、羊脂色、白色等。

岫岩玉、独山玉、密玉和酒泉玉的具体品种包括白玉、青玉、黄玉、墨玉、碧玉等。主要的玉色有月白色、浅白色、浅蓝色、黄色、紫色等。

春秋玉器的沁色大致和西周时期相同，主要有鸡骨白色、土黄色、褐色、水银沁等。

造型

春秋玉器的器型大多继承了西周晚期的风格，但也有自己的特征。璧、璜、钺、戈等礼器和仪仗用玉形制变小，雕工更加细腻，纹饰变得更加精美，更具有装饰性。主要造型有几何形、人物形和动物形。

在面积较大的浮雕图案中，为了增添层次和情趣，出现了极细的轮廓，将画面圈在细廓内，更具装饰性，也显得规范。另外，还用隐形分区来表现。如玉璧从里至外分成若干区，玉璜分成左中右三区。

纹饰

春秋玉器的纹饰更加精细，图案也越来越多，越来越繁缛，显得越来越密集、规整、对称。早期纹饰较为疏散，以阴线

春秋　双舞人

春秋 饰龙玉钺

为主，线条精准而流畅。中期以后，打破了纹饰的单一和平面化，隐起于浮雕的纹饰细密、规整，厚重而饱满，直接影响战国玉雕的发展。如在磨光的平面龙体上雕出盘曲婉转的云纹，纹沟也变化着角度磨光，以取得闪光的效果。

春秋时期玉器上的纹饰，除直线纹、弧线纹、折线纹、重环纹、涡纹、夔龙纹、凤鸟纹、兽面纹、云纹、鳞纹等传统的纹饰外，还创制了谷纹、蟠螭纹、蟠虺纹、龙首纹、斜地纹、虎皮纹、矩形鱼鳞纹等。

顾名思义，谷纹就是像谷粒一样的纹饰，和涡纹一样从卧蚕纹演化而来，用压地、剔地技法完成。主要有阴线雕和乳突状两种，有的带有芽弯。纹饰分布得较密，器物边平、内雕一索纹，与战国玉雕成熟期的斜坡器边迥然相异。

蟠螭纹也叫螭纹、螭龙纹、螭虎纹。螭，传说中没有角的龙。春秋创制的螭纹，经过战国和两汉的发扬光大，和龙纹一样，成了我国艺术史上光彩夺目的纹饰标杆。

蟠虺纹也叫虺龙纹。虺，一种有毒的蛇。春秋虺纹大多为翘鼻、尖嘴、圆眼、短蛇形身，张口吐舌，常以细小的形态布满器表，形成抽象繁密的风格。

龙首纹是一种由勾连云纹组成的阴线浅浮雕形象，现首不现尾，舌形有绞丝纹、S 纹等。

春秋时期阴刻线技法炉火纯青，各种各样的阴刻线大量涌现，肆意徜徉，纵横

春秋　绹纹环

春秋　玉瑞兽

洒落，这是春秋刀法的一大特色。双钩阴线比起西周时期，更添三分丰腴和柔畅，密集中条分缕析，满而不乱。当时流行的“宽一面坡线”是西周时期“一面坡线”的变体，线条更具有动态的美。

工艺

铁制工具的运用，使春秋时期的琢玉工艺突飞猛进，工匠们基本摆脱了以前那种“心有余而力不足”的窘境，线条遒劲有力，钻孔匀称光滑，极少见到因工具不力而残留的制作痕迹。

“游丝刻”是春秋时期出现的一种新的线刻技法，用这种技法刻画出来的线条极为细密，到战国时期发展成为著名的“游丝描”。此外，还出现了叫“硬刀刻”的技法，下刀如削，干净利落，被公认是“汉八刀”的直接源头。

商周时期，玉器的装饰主要靠线条的变化来描绘图案。到春秋时期，浅浮雕装饰方法中线条已退到次要地位，而图案成为表现的主题，大多将线条压到花纹底部，仅起到间隔图案的作用。

种类

春秋时期，各诸侯国文化和经济迅速发展。由于统治者的认识不同，社会风俗不同，逐渐形成了齐、鲁、晋、秦、楚、燕、吴等文化圈，各地区的玉器风格也不尽相同。就玉器的品种来说，象征性工具已经消失，纯粹的礼器较少，装饰品日益增多，这是其共性。

总的来说，春秋玉器大致可以分为礼器、装饰艺术品、葬玉和杂件四大类。

战国玉器

■ 玉材

战国时期，和田玉受到人们的青睐，为王侯贵族制作玉器的首选，并逐渐成为主流材料，其中多为青玉，有部分白玉，黄玉极少见。玉质细腻温润，光泽晶莹。

除和田玉外，其他材料多为就地取材，主要有岫岩玉、密玉、独山玉、水晶、玛瑙、绿松石、滑石等，甚至还有光泽美丽的彩石。

战国　回首龙

■ 玉色

战国玉器用料复杂。和田玉中，青白色较多，另有青色、黄绿色等，部分为乳白色、灰白色，黄色极少见。

战国　玉舞人

岫岩玉、密玉、独山玉等多见月白色、青色、青白色、黄绿色、黄色、绿色、淡紫色、天蓝色、红褐色等。

战国玉器的沁色基本和春秋时期相同，主要有鸡骨白色、土黄色、褐色、黑漆古、水银沁等。

■ 造型

战国时期，“以人为本”思想的确立和铁制治玉工具的使用，使得玉器的种类繁多，造型无不以精致取胜。大多玉器舒展奔放，器体边角尖锐利落，特别是张口挺胸、大幅度地扭动躯体的龙凤造型，明显地表现出一种刚健遒劲、勇往直前的气势和力度。

战国玉器中龙的形象很多，居各种神瑞动物的首位，其次是虎，然后是凤。传统的“C”形龙此时演变为“弓”形、“S”形等，更显强劲有力，蓄势待发，大大增强了内在的精神韵律，充分显示了各路诸侯踌躇满志、雄霸天下的凌云气势。

玉璧的形制复杂，扉牙消失不见了，代之出现的是出廓附件。战国出廓璧精美异常，脱离了传统玉璧的范畴，是战国时期最高制玉工艺水平的代表作。另外，玉带钩、玉剑饰、玉灯座等很有时代特色，具有了实用性。用玉制印，此时已经开始了。

■ 纹饰

战国时期的玉器上大多装饰有精美的纹饰，通体纹饰者较为常见，常见的纹饰有谷纹、雷纹、蒲纹、螭纹、环纹、卷云纹、勾连云纹、“S”形纹等。春秋时期抽象变形、繁密拥挤的纹饰特征此时有了很大变化，显得疏朗有致，线条舒展流畅，工艺精细入微，主纹、辅纹均清晰可见。一改以前重“形”的风格，而注重从“质”的方面来表现。如对动物形象的描绘，着意于毛发、眼睛、牙齿、脚爪等细部特征的刻画，于细微处见奇观，极力刻画出本质特征。

战国　龙首璜

战国初期的谷纹承袭春秋时期的风格，形体略小，底部有突出“芽弯”，排列密集均匀，乳突有扎手感觉。中期以后，乳突变的低矮，手感平滑，排列略显稀疏。多为阴线刻，线条飘逸流利。把谷纹用阴线勾连起来，是战国后期楚国一带常用的手法。

战国龙纹中有大量的双尾龙和双首龙，龙身出现鱼鳞纹，这与春秋龙纹有很大区别。

在战国兽形纹饰中，出现了一种“虎形眼”，其造型犹如一只橄榄球上飘着一根飘带，给人一种气势逼人的威严。

战国　带钩

汉　双龙出廓壁

在谷纹的基础上加刻斜格线，这被称为“战国蒲纹”，创始于战国时期。星纹也是战国时期的创新纹饰，形状就像硕大的环形宇宙中一颗颗闪烁的星星。

套雕连环始自商代，战国的套雕技艺青出于蓝，四节套雕玉佩（曾侯乙墓遗存）等器物，异常精美，并开西汉活环套雕玉器之先河。

工艺

战国时期，铁制工具广泛运用到玉器制作上，砣具已经基本成熟，制作出来的玉器更加精美，线条更加流畅，图案更加清晰。技法也日趋成熟，能够把平面雕、剔地、减地、压地、透雕、游丝线纹、绞丝线纹等各种雕法，协调而完美地施于一件器物上。

战国玉器充溢着张扬的时代精神。一改春秋时期的风格，线条清晰利落，棱角刚劲明确。镂雕技法普遍使用，工艺更加精湛，态度极端认真，镂孔的内壁也琢磨的光洁明亮，一丝不苟。早期的浅浮雕作品去地并不彻底，多沿图纹而碾磨，产生了一种时隐时现、变化多样的艺术效果。中期以后，纹饰线条干净利落，决无拖泥带水之处。无论是浅浮雕、透雕，还是阴线刻划，都力求达到精益求精。

镶嵌技术进一步提高，除普遍使用于剑、带钩、车马器等小件器物上外，在鼎、壶、敦、尊等大型铜礼器上也有应用，使

战国　三螭套环

器物显得更加庄严、雅洁、富丽堂皇。铁器的使用使琢玉工匠显示出高超的技艺，刻划的极细线条走势扭曲委婉，俨如游丝白描，是春秋游丝刻的升华，被称为“游丝描”。

战国时期的镂雕技术已经炉火纯青，“活连环”玉器已经较为成熟，是玉器制作史上“以小见大”的开始。

■ 种类

战国时期，玉器使用范围扩大，被广泛运用于祭祀、装饰、丧葬等各个领域，种类繁多，主要以礼玉和装饰用玉为主。且增加了许多新品种，如玉带钩、玉剑饰、玉灯座等兼有实际用途和装饰性的玉器，玉印、标准的组佩等也出现了。

礼器类玉器主要有璧、琮、圭、璋等，其中玉璧是最重要的礼器，也是数量最多、最为精美的礼器。通常用和田青玉制成，另有少量和田白玉制品。此时出现的出廓璧是战国时期玉璧中的精品，也是战国玉器中的典型器。

装饰艺术品玉器种类繁多，主要有玦、环、玉人、冲牙、龙形佩、活链佩、组佩、猛虎食人玉佩、小型动物玉饰、串饰、剑饰、带钩等，制作均十分精美。

葬玉类在春秋时期的基础上继续发展，主要有琀、玉衣片、缀玉面幕等。

战国时期的杂件类玉器主要有韘、梳、灯等。

汉代玉器

玉材

西域在汉代纳入中国版图，使得采运新疆玉料更为便利。和田玉大量进入中原，多为羊脂白玉和其他品种的仔料，主要包括白玉、青玉、碧玉、墨玉、黄玉等，其中白玉成为玉中上品。这些玉料大多产自新疆和田和天山北麓的玛纳斯地区。

汉　玉舞人

除和田玉外，其他还有岫岩玉、独山玉、酒泉玉、绿松石、玛瑙、水晶、滑石、琥珀等。

玉色

和田玉的玉色主要有羊脂白色、乳白色、青白色、青色、绿色、黑色、黄色等，其他玉石的颜色有月白色、浅白色、鹅黄色、天蓝色、绛红色、黄绿色等。大型玉璧多用水苍玉，呈灰绿色但有饭糁。廓外带有装饰的系璧，多用青玉；佩饰、剑饰、玉玦、翁仲则以白玉为多。汉代的青玉、白玉作品多有苍旧之色。

汉代玉器的沁色复杂多样，几乎所有的沁色都具备，主要因出土环境而异。

造型

汉代玉器和此前相比有了很大变化，其造型转向浑厚而具动感，与凌厉张扬的战国风格迥然不同。

汉代玉器造型风格独特，在题材上多选用龙、虎、螭、凤、辟邪等神秘的动物形象，构思精巧，不拘泥于形式，重在表现动感，雕刻技法娴熟，常将多种刀法紧

汉　玉人

密结合，相辅相成，为共同的主题服务，达到十分理想的艺术效果。另外，熊、鹰、虎等现实生活中的动物形象也是表达的主题，通常用圆雕手法雕琢而成，造型新颖，雕琢技法出神入化，形态生动逼真，令人叹为观止。蝉、猪等殓葬用动物形态古朴，刻划简练，寥寥数刀，神韵尽至，被古玩界称为“汉八刀”，是中国古代雕塑艺术中极具特色的表现手法。

■ 纹饰

汉代玉器上的纹饰复杂多样，异常精美，超过了以往的各代。其图案大致可以分为几何纹和动物纹两大类。

几何纹中，谷纹、蒲纹、涡纹和云纹最为常见。谷纹仍多沿袭战国出芽谷状，但谷粒呈半球乳突状，手感要比战国时期平滑；蒲纹呈六角形，宛如蒲席上的花纹；汉代卷云纹多数是弧卷云纹，俗称“括弧云”，奠定了后来出现的“四蒂纹云”和“流云”的基础。

汉代的动物纹饰又分图案化动物纹和写实性动物纹两种。玉器上的动物大多是双线橄榄眼，另有少量滴水眼、虎形眼和“回”字形眼。

图案化动物纹表现手法很多，包括浮雕、透雕、镂雕、刻划等，图案极度夸张。写实性动物纹饰的题材广泛，既包括传说中的神仙、鬼怪、怪兽、神鸟等，也包括

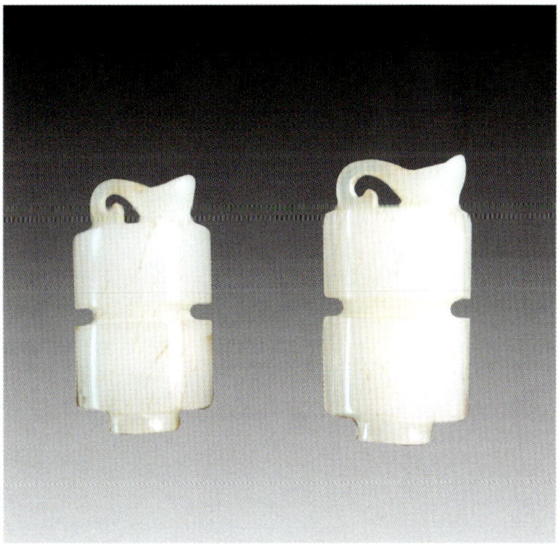

汉　司南佩

现实生活中的人物和动物，浮雕作品中多用阴线刻画，技艺高超，形象生动。

蟠螭纹是汉代玉器上的主要纹饰，蟠螭形身体和战国时期基本相同，但出现了粗绳纹所组成的尾巴。其眉毛向上竖起，并向里钩，若隐若现，柔中有刚。方形头

的蟠螭头部像猫头鹰的头部，有的有角，有的无角，耳朵有方圆耳、奋耳、立耳打洼耳等样式。龙纹多长唇无齿龙，极少见到长唇龙有齿、短唇龙有方形唇或刃边唇两种。

汉代玉器上还出现了“四灵纹”，四灵是指青龙、白虎、朱雀、玄武四种传说中的奇禽异兽。凡饰有四灵纹的玉器，几乎全是汉代玉器。

■ 工艺

汉代的琢玉技术在战国的基础上有所发展，铁制工具普遍运用于玉器制作中，高浮雕和圆雕作品明显增多，镂孔花纹屡见不鲜，表面抛光的技术也达到了很高的水平，当时可能出现了布轮和砂轮等先进的打磨工具。

汉代琢玉工匠善于运用阴线刻技法。战国时期已经成熟的“游丝描”技法达到了炉火纯青的地步。构图极其准确，细纹

汉　盘螭佩

汉　舞人出廓佩

刻画精细入微，线条走势婉转秀逸，但若断若续，后世称之为“跳刀”。这种线条多装饰在玉璧、玉人、佩饰、玉剑饰上，有时还配以极小的细线刻圈。在“游丝描”基础上发展而成的“游丝宽坡线”，是汉代又一新创的线形。

在汉代玉器中，圆雕作品明显增多，造型生动逼真。这种技法融合了新石器时期以来直到商周时期的琢玉成就，吸收了楚文化的浪漫主义风格，将汉玉雄浑豪放的风格表现得淋漓尽至，代表了汉代玉器雕刻的最高成就。

“汉八刀”是指采用简练的线条对玉器进行刻划，多用于玉蝉、玉猪等葬玉的制作上。刀法简洁有力，线条粗而准确，刀

刀见锋，刚劲挺拔，琢面平顺光滑，看似一刀一刀切削而成。

除“游丝描”、“汉八刀”、圆雕、高浮雕之外，底子处理的技法也令人拍案叫绝。精美划一、平整如镜的“阳纹地平”，可谓空前绝后。

■ 种类

汉代玉器数量庞大，种类繁多。商周时期的用玉制度此时已经淡漠，璧、琮、圭、璋、璜、琥“六器”中除璧、圭可能还有一定的礼仪性质外，其余的只剩装饰作用了，琮和璋甚至不见了。和礼器类形成反差的是，装饰类和陈设艺术品类玉器数量大增，葬玉也有了一定的使用规范，容器等玉制用品占据了重要地位。

汉代玉制礼器中，只有璧、圭仍保留有祭祀用器的功能，是最重要的礼器。汉代玉璧基本上承袭了战国玉璧的形制，但略有变化。首先是形体普遍加大，有的直径甚至超过50厘米，这在任何时期都是没有的。汉代玉璧以做工精细、纹饰精美、形制规整而著称。

汉代玉器中艺术价值最高的是圆雕和高浮雕陈设艺术品，主要体现在陈设艺术品类玉器上。这类作品发现较多，玉质优良，琢磨精细，造型新颖，在中国古代玉雕史上占有极其重要的地位。玉人是汉代玉器中的精品，大多以写实为主，对研究汉代的服饰、发式、冠饰等有重要的意义。另外，还有玉仙人、奔马、辟邪、熊、鹰、牛、猪、角形杯和玉枕等。

汉　龙首绕环佩

装饰类玉器主要有玦、环、觽、心形佩、玉舞人、龙凤纹玉佩饰、组佩、辅首、剑饰、刚卯、司南佩、玉带钩等，无不做工精美。

葬玉类主要有玉握、玉琀、玉衣、缀玉面罩、玉九窍塞等。早期的玉握多为璜形，绝大部分是用玉璧改制而来，后期大多雕琢成猪形；玉琀通常为蝉形，被称为“玉蝉”。

魏晋南北朝玉器

■ 玉材

魏晋南北朝时期，政权林立，王国割据，社会动荡不安，阻碍了新疆玉进入中原地区，和田玉的数量减少了，只有少量的白玉、青玉等。主要玉料出产地大多位于北方，北方被各少数民族政权占据，不重视玉器的制作，也导致了制玉材料的减少。当时除少数质地精美的材质外，出现了许多较为美丽的石制品。

汉　舞凤玉佩

■ 玉色

材质复杂，玉色多样，多数为传统的玉色，但数量大为减少。

■ 造型

魏晋南北朝玉器的造型继承了汉代玉器的风格，但做工不够精细。礼仪用玉几乎不见，葬玉仅存在玉握、玉琀等小件的殉葬品，做工也显得简略朴素，精工者极少。与其对应的是，日常用品和观赏类、装饰类玉器的数量增多了。这表明：中国古代玉器已由高度发达的、处于巅峰地位的两汉玉器渐渐向低谷滑落，同时又出现了向新功能、新领域转化的萌芽。

■ 纹饰

魏晋南北朝玉器数量很少，大多光素无纹，简洁朴素，既是玉雕技术衰弱的结果，也是当时崇尚简练风格所致。当时出现的一种粗阴线，后来成为唐代玉器的主体装饰线条。

魏晋南北朝玉器上的蟠螭纹与以前相比有了显著的变化，眼睛的纹饰在靠近鼻梁处稍微拖长了一些，眼梢略长而有弯度，嘴边面腮上多数有凹槽。腿较短，前腿通常只有一个。尾部宽阔粗壮，其他兽类也是如此。

汉　六龙套环佩

■ 工艺

魏晋南北朝基本上继承了汉代玉器的制作工艺，但图案的布局、线条的走向、镂空浮雕技巧的运用，均呈衰弱的趋势。当时数量较多的器物，仅为趋向写实而又简练的玉猪、玉蝉等玉雕作品。

粗阴线是魏晋南北朝出现的一种创新性工艺，由东汉时期的游丝纹演变而来，后来成为唐代玉器的主体装饰纹线，为唐代玉器风格的形成开创了先河。

■ 种类

魏晋南北朝时期的玉器种类有了很大变化。汉代以前盛行的礼仪玉，此时几乎不见了；丧葬玉大为减少，不受重视。魏晋南北朝玉器，有所创新并烙上时代特征的，要推生活用具和装饰玉。生活用具主要有玉杯、玉盏和玉印等；装饰玉承袭汉代风格，有衣着饰玉和剑具饰玉两类，但品类、造型及雕琢风格，均逊于汉代。

除此之外，葬玉主要有玉蝉、玉猪等，装饰艺术品类玉器主要有带钩、鸡心佩、玉珩、辟邪、瑞兽、卧羊等。

唐代玉器

玉材

唐代玉器的主要材质是和田白玉，另有少数青玉。此外，还有宽甸玉、玛瑙、水晶、绿松石、珊瑚、琥珀、汉白玉、东陵石等玉石。东陵石又称“印度玉”，主要成分是含铬云母石英岩，和佛教一起传入中国。

玉色

软玉的颜色以白色和青色为主，有少量黄绿色和黑褐色。其他玉石有月白色、乳白色、灰白色、金黄色、绿色、天蓝色等。唐代玉器加工不求有玻璃光，也不求玉质的温润感，有似旧非旧之意。

汉　舞龙佩

造型

唐代是一个蓬勃向上的封建王朝。唐代玉器是在传统玉器的基础上发展起来的，但又有自己的时代特征，显示出健康饱满、蓬勃向上的时代风貌。汉代以来，玉器的的造型和装饰给人以程式化、图案化的古拙感觉，但在唐代这种感觉则完全消失了，而是向写实的方向发展。礼仪用玉、殓葬用玉大为减少，装饰品类、生活器皿类、观赏陈设类玉器增多。

盛唐时，玉雕艺术糅合了多元民族的文化特质，朝着精美华贵、豪放自然的风格向前发展。诸如：玉佛造像的精神内涵、一些受道教“羽化成仙”思想影响下的立体飞天形象，以及玉钗、玉笄、玉璜、玉梳、玉带板、玉步摇、玉文具、玉乐器等器形，无不追求完美。

纹饰

唐代玉器的装饰方法和以前相比，无论是技法还是内容都有很大的变化，突破了汉代玉器的格局，显示出自己的时代特色。

唐代的龙千姿百态，有走龙、行龙、蹲龙、降龙、升龙、穿花龙等，并首创了火珠龙。所有的龙身形细长，身上装饰有阴线斜格鳞。尖耳朵，梭子眼，头长双角，张口露齿，上唇长而尖，下唇向上翻卷，嘴角长过眼角；颈后有鬣，下唇留须，背上起火焰状脊，四肢三爪。

唐　玉象

唐代出现了一种新的云纹，仿佛是由三瓣花朵组成的“品”字，俗称“品字云”。下部有带形“花托”，云头分为三部分，两侧似往外卷，中间部分小而团，微前凸。

花卉纹是唐代玉器上最常见的纹样，唐代玉器在装饰图案纹样上，广泛采用花卉纹，花卉图案非常完整，花蕾、花叶、花茎一应俱全。花纹平展丰满，层次分明，叶脉纹常和动物勾连，组成吉祥纹样。鸳鸯戏水、双喜牡丹、龙凤呈祥、骑马狩猎、女子游春及各种舞蹈奏乐等世俗化的题材成为装饰纹饰的重点，反映了当时的社会风貌。

另外，受中亚和佛教文化的影响，莲瓣、胡人、飞天等图案明显增多。由于“以人为本”的思想完全确立，所以表现的内容更加接近现实生活，尤其是载歌载舞、吹拉弹唱的胡人形象，带有明显的异域特色。

■ 工艺

唐代经济繁荣，治玉工具基本齐全，制作工艺日趋成熟。线条用砣具磨出，简练遒劲，突出图案的精神和气韵，富有浪漫色彩。

在雕刻技艺上，唐代玉器吸收当时的金银细工、雕塑与绘画手法，采用传统的减地浮雕、镂雕与圆雕，大量使用阴刻线。图案纹样上的衣褶、毛发、花叶、羽翎均用平行细阴线，花蕾、动物鳞片，均用网

唐　玉飞天

唐　龙凤饰

状细阴线绘出。多数线纹用砣琢磨，落脚深，中间粗直，收笔细尖，线纹走向非常明显，是唐代玉器中最典型线条——粗阴线。常见的人纹、花纹图像外缘，都有一条粗弦纹边框，框内地子内凹，在内凹的地子上用浮突及阴线描绘的手法，琢出人纹、花纹、禽鸟纹等图案。

■ 种类

唐代，礼仪用玉和殓葬用玉完全衰落了，并从此退出了历史的舞台。代之占主导地位的，是装饰用玉和艺术观赏类制品，生活器具也占据了重用地位。装饰用玉包括带板、镯、环、簪、带钩、步摇、管饰、勒子、坠饰、牌饰、人物佩、植物佩和各种各样的动物形佩饰等；艺术观赏类主要包括栩栩如生的人、兽、鸟肖形玉器和飞天等象生玉器，其中的玉飞天是唐代玉器中的人物形象的代表：通常体态丰腴，上体裸露或穿紧身衣服，胸挂璎珞，手执莲花，肩披飘带，下身着紧贴于腿股的长裙，用阴线雕刻出各种褶皱，线条流畅。

生活器具在唐代玉器中占了很大的比例，主要有羽觞、玉杯、玉碗等器皿和文房用具，另外还发现了许多玉册。

宋代玉器

■ 玉材

宋代玉材主要是软玉，产自新疆、甘肃和青海等地，有子儿料、山料、青海料之分。子儿料以和田白玉、青玉居多，另有少量墨玉；山料主要是杂质较少的青白玉或白中泛青的“白果青”玉；青海料色泽白度与和田玉相似，硬度低于和田玉，但透明度高于和田玉。

另外，宋代还使用独山玉、玛瑙、水晶、绿松石等。

宋　仿汉璧

■ 玉色

宋代玉器以白玉居多。和田玉中的羊脂白玉玉质温润，色泽如“截肪”，较之唐代所用白玉品位高出一筹。另有乳白色、青白色等。青玉可以分为两类，一类青中泛灰，一种青中泛绿。还有少量的黄玉，颜色暗淡，接近绿色。独山玉数量很少，牙色中杂有赭色，玉质不甚温润。

宋代玉器以白玉居多，但不少出土的白玉器变为红橙色，俗称“宋玉红”。

■ 造型

宋代玉器大部分为装饰类和实用类玉器，大件少，小件多，雕琢细腻，造型灵巧，一改唐代玉器敦厚朴实之风，以写实与世俗化风格为主，题材多为现实中的人物、动物和植物，即使有龙、辟邪、麒麟等瑞兽，但注重肌肉和形态的刻画，雕琢风格以写实为多。图案繁密，清新雅致，比例协调，形神俱备，极富绘画情趣，明显受到宋代高度发达的人物、山水、禽鸟、花卉等题

宋　玉瑞兽

材的绘画艺术的影响。在形制和纹饰上讲求对称均衡，在图案化的形体上透视出浓郁的生活气息，达到了生活和艺术的高度统一。

■ 纹饰

花鸟题材在唐代玉器中已经占据重要地位。到了宋代，这类新颖、素雅、形象逼真的现实主义和世俗化纹饰成为玉器中主要的题材，在工艺装饰领域取得了重要成就。用镂雕、透雕和阴线刻等多种手法刻画出来的花鸟形象造型雅致，玲珑剔透，往往带有很深的寓意和很强的艺术感染力。龙凤呈祥等寓意吉祥的世俗化图案增多，成为宋代及后世玉器的主流。

蟠螭纹作为传统的纹饰，此时仍在使用。蟠螭身体大多瘦弱，头略似三角形，鼻下有一很宽的阴刻线，嘴向前突出，翘起好像凹槽一样，立体感很强，眼睛圆而不凸，人字肩，关节处饰卷云纹，旋状耳，与壁虎非常相似。

穿花螭纹和穿花龙纹都是宋代新出现的纹饰，新颖别致。新创灵芝头云，俗称“灵芝云”。此外，新出现的纹饰还有火云纹、竹节螺旋纹、水涡纹和单线旋卷纹等。动物灵衔芝纹、四出荷叶纹、植物纹等吉祥纹饰广为流行，其中的鸟纹大多为三角形嘴、丹凤眼或圆坑眼，凤颈特长，鹿足多三角形，狮纹多子母狮，植物纹样中广泛使用阴线叶脉，除鳜鱼外的鱼类大多无鳞，这些都是宋代纹饰的特征。

■ 工艺

宋代玉器是在唐代玉器的基础上发展起来的，同时又有了新的变化。在工艺上，镂雕法被广泛应用，成为主要的表现手法。镂雕玉器的种类繁多，数量浩大，在战国镂雕技法上有了很大的提高和发展，刀工细腻，构图精致，堆金叠翠，花下压花，层次清晰，俗称“宋作工”。镂雕手法和管钻工艺充分结合，对后世制玉工艺有很大影响。

与镂雕并驾齐驱的是圆雕工艺。宋代圆雕玉器全方位继承并改进了汉唐圆雕作品所取得成就，并进一步提高，形成了自己独特的风格，圆雕作品有胎有骨，有形有势，刀法纵横，生气盎然。

宋代玉器工匠还创制了独特的留皮和俏色玉器。在此之前，中国古代玉器中从不见留皮玉器，俏色巧作也极为罕见。宋代仿古之风盛行，促进了留皮玉器和俏色玉器的发展，这些手法通常出现在仿古玉器中。

■ 种类

宋代玉器品种繁多，既有宫廷的艺术珍品，又有民间普通使用的小件玉饰，实用品也有发现，题材多选用日常多见的花卉、飞禽，花鸟图案，清新雅致，比例协调，形神兼备，极富绘画情趣，明显受到宋代高度发达的人物、山水、禽鸟、花卉等题材绘画的影响。

宋代时，玉器的礼仪性完全丧失，观赏性、趣味性和装饰性大大增多。在装饰类玉器中，有玉钗、玉镯、玉环、玉簪、玉佩、玉带钩、玉带板等。

宋代玉器中，实用品类占据很重要的地位。玉制器皿种类较多，包括各种各样的玉杯、玉盏、玉碗、玉瓶，另有盛放化妆品的玉盒等。

宋代玉器中用于观赏和摆设的多为动物形玉雕，继承了唐代的传统，向富丽繁密、精巧秀雅的方向发展。最常见的雕刻题材是龙凤，还有孔雀、鹦鹉、鹭鸶、鹤、雁、鹊、雀等。如果说唐代玉器气韵生动、形象夸张的话，那么宋代玉器则既能突出表现动物的神韵，又能准确地掌握细节的变化，做到所制玉器起伏自然，转折合理，真实精练，形神兼备。

宋代盛行仿古玉器，仿古器形有的仿自青铜器的造型，如鼎、簋、彝；有的仿自汉代玉佩、剑饰、带板、玉璧等。不过，又不完全如同汉代玉器，结构、造型均较汉代复杂，给人一种似古非古、似今非今的感觉。

另外，宋代还制作了一定数量的玉制文房用具，包括镇纸、笔洗、砚、笔架等，选料精良，纹饰精美，从一个侧面反映了玉器世俗化的发展倾向。

宋　云纹系璧

辽金玉器

■ 玉材

辽金时期，玉器以白玉、青玉为主，间或有其他玉料。玛瑙、水晶制品大量出现。

■ 玉色

和阗玉多为羊脂白色、乳白色、青白色，或者青色，另有少量黄色。玛瑙的呈色分白色、红色两种，有的玛瑙有红白相间的自然纹理，绚丽夺目。水晶则全部为无色透明。

■ 造型

辽、金都是北方游牧民族建立的政权，有相似之处，但又各有特色。辽代玉器和金代玉器的共同之处是动物形象的数量很多，尤其是辽代玉器。

宋　谷纹系璧

辽代玉器看上去平淡无奇，但仔细观察便觉韵味无穷。玉器大多为动物形象，造型不拘一格，非常随意，不以夸张的形态吸引人的注意力，但写实性很强，神态自然。玉制器皿不以繁缛的纹饰来渲染陪衬，清者自清，浊者自浊，清淡素雅。

金代的玉器风格，有着明显的边疆民族特征。如“春水玉”、“秋山玉”，便是当时以狩猎放牧为主的生活写照。

■ 纹饰

辽代玉器基本继承了唐代玉器的纹饰特征，但以动物性纹饰居多，植物形图案并不多见。金代玉器中的代表为春水玉和秋山玉，纹饰以花鸟纹居多，花鸟形玉佩多作绶带鸟衔花卉纹，寓意春光长寿。另外，玉飞天的形象也有了较大的变化，出现了穿花飞天的形象，这被后世制作的飞天形象继承下来。金代玉飞天螺髻高耸，体态丰腴，身系飘带，倘佯在花卉云朵之间，令人赏心悦目。

宋　玉狮子

工艺

辽代玉器的制作工艺继承于唐代，但以圆雕最为常见，透雕、镂雕作品相对较少，浅浮雕、俏色等更为少见。细节往往借助阴线刻来表达，刻画细腻。辽代后期，留皮、俏色制作工艺从北宋传来，为后世北方玉器的制作奠定了坚实的基础。

金代玉装饰品多为片状，以镂雕兼阴线刻方法装饰。镂雕技法娴熟，一般为单层镂雕，也有的采用双层镂雕，甚至三层镂雕，层次分明。阴线刻继承了唐代遗风，线条刚柔相济，宽细兼备，但和唐代玉器的线条也有差别，唐代那种刚劲的短阴线基本不见了。春水玉多采用上好白玉雕成，浮雕、镂雕兼阴线刻，工艺复杂，制作精细。

种类

辽、金玉器以装饰品和具有陈设作用的圆雕艺术品为主，另有少量的玉制器皿。辽代玉器的具体种类既有充满民族风情的臂鞲，带T形和心形坠饰的项饰、胸饰、臂饰等，又有来自中原的玉带板、圈足碗、圈足杯，还有带有西亚特征的四曲海棠花式杯、玛瑙花式碗等，源于佛教的飞天、法轮、金刚杵、摩羯、海螺等。圆雕动物包括熊、天鹅、雁、猴子、蝎子等，还有龙、凤、鸳鸯、蝴蝶、兔子、荷花等佩饰。

金代玉器主要有花朵形佩、花鸟形佩、荷鱼形佩、双鹿形佩、灵龟伏莲佩、双鹿纹带扣、花朵形环、玉童子、玉炉顶、玉飞天、嘎拉哈、春水玉、秋山玉等。

元代玉器

■ 玉材

元代玉器的玉材主要来自和田及附近的匪力沙（今新疆于田，位于和田西南），以羊脂白玉为主，质地优良。另外，还使用岷玉、青金石、绿松石、玛瑙、水晶等。

■ 玉色

和田玉以羊脂白玉为主，另外还有白玉、青玉、黄玉、碧玉、墨玉等，色泽有乳白色、青白色、青色、绿色、黄色、黑色等。岷玉、青金石、绿松石、玛瑙等玉石颜色较为复杂，包括白色、红色、黄色、各式蓝色、褐色、苍色、绿色、青色等。

■ 造型

和唐、宋、辽、金相比，元代玉器形体较大，气势恢宏。从雕琢工艺上来看，工艺娴熟。尤其是方形玉器的处理上，变硬挺的直角为流动的倭角，刚柔并济，同

辽　乐人

时在边框内外缘刻两条粗阴线，更使元代玉器的线条显得十分优美。

元代制作了大量的仿古玉，最有代表性的是玉瓶与玉尊，模仿的对象或是商周青铜尊的造型，或是新石器时代陶瓶的形象，为清代玉器大量仿摹青铜器、陶器开了先河。

元　仙人戏兽佩

此期一个突出的特点，便是利用玉材的原有色阶进行巧雕。作品工巧细致、色彩艳丽，突出自然的生态形貌。体现在炉顶和如意“吉子”上，造型生动，神态逼真、栩栩如生，当为精品。

■ 纹饰

元代玉器上的纹饰基本继承了宋、金玉器上的传统纹饰，但又有所改变。当时最常见的纹饰有龙纹、虎纹、鹿纹、螭纹、凤纹、鱼纹、鸟纹、人物纹、荷叶纹、水草纹、牡丹花纹、凌霄花纹、天鹅、海东青纹等，许多纹饰有明显的时代特征。如元代秋山玉上，柞树叶大而圆，虎纹多为波形的细长尾，虎身有两排双阴线纹，后来又变成寓意吉祥的福鹿图案。春水玉逐渐消失了血腥的场面，改变为鹰击天鹅、芦雁荷藕图。

■ 工艺

元代玉器在继承宋、金玉器的琢制工艺上又有所发展。无论是宫廷还是民间，玉器制作成为重要的手工业部门，反映出蒙古统治者秉承了汉族的文化传统，将崇玉观念和用玉制度继承了下来。如对玉押的使用，规定只有一品以上的官员才有资格享用，皇帝的宝玺须用玉制成。不过，元代玉器没有多少创新品种，总体来说是传统胜于创新，继承胜于发展。

在玉器制作上，元代玉器的器型有向粗大发展的倾向，不注意细节的处理，雕工通常粗犷劲逸，器物表面往往留有钻痕和砣痕，抛光不甚讲究。不过，有的器物雕琢特别细心，精细得出奇。雕刻方法包括浅浮雕、镂雕和圆雕，并均与阴线纹结合，立体感很强。

元　饰龙刀

■ 种类

常见的元代玉器主要包括带钩、带扣、飞天、玉璧、玉带饰、鱼形佩、羊形佩、玉炉顶、熊虎纹饰、螭纹饰、花朵形饰等装饰品；玉洗、玉杯、玉碗、玉臂搁、玉笔架、玉册等用具；玉炉顶、玉雕人物、玉雕动物、玉海、春水玉、秋山玉等艺术品，以及玉鼎、玉炉、玉壶、玉瓶、玉尊等仿古器物。

中國古玉器

仿品实例

仿红山文化玉牛首人身像

河磨玉，现代工，铁钻打孔，器表有砂纸磨痕，布轮抛光。

仿红山文化玉母祖像

岫岩玉，现代工，酸染碱蚀，布轮抛光。

仿红山文化玉勾形龙

河磨玉，一钻打孔，布轮抛光。

仿红山文化玉太阳神

岫岩玉，机器打眼，酸蚀灰沁。

仿良渚文化玉玦

杂玉，火烧成鸡骨白，孔为浅对打，再以一钻打通。

仿良渚文化玉神人兽面纹佩

石质杂玉，现代机器工。

仿良渚文化玉冠型佩饰

青杂玉，火煅成象骨白色，机器工。

仿良渚文化玉鱼

石质杂玉，现代工，布轮抛光。

仿商代玉人

和田白玉质，现代刀工，铁元素酸染沁。

仿商代的玉凤首饰

象牙白，局部为砣工，清代北方工。

仿商代玉象

地方青玉，现代工，铁元素酸蚀沁斑。

仿商代玉凤饰

刀工拙劣，清代玉作坊仿品。

中國古玉器

鉴赏与评估

红山文化 **勾形玉龙**

高21.0厘米 宽20.5厘米 厚2.6厘米 曲长49.8厘米

勾形玉龙是红山先民基于感情寄寓和丰富想象、神而化之的图腾崇拜物。体曲如勾，唇及鬃上翘，翻勾上扬凸显张力。矛形凸目威严传神，体现着一种奋发向上的民族精神，权柄的象征物。

集藏的勾形龙中，此为典型器，1958 年笔者得于建平农村。世间的同类藏品，局部或器形小有变动者，要以玉种、刀工、磨痕、沁色及蚀斑等具体情况来鉴定真伪。

此器为典型的青绿色的细玉沟玉质。体不甚圆，手握可感刮痕；眼儿为对穿，沁已深侵台痕；体周蚀斑沁痕摄入肌里；经多年盘玩后，潜金（矿物质）彩沁已耀目器表。为精品。

红山文化　**玉鹰兽复合像**

高18.0厘米　宽9.6厘米　厚 8.0厘米

此器蜷腿坐姿，头戴冠饰，后立一鹰，双臂攥拳上举，眉目上挑、神态威猛。应为红山中晚期联合部落的图腾造像。

器为细沟玉质，绿黄色。土沁、金属沁斑点已入器骨。背穿眼儿台痕沁蚀斑斑，瓦沟纹等刀工堪称精准。

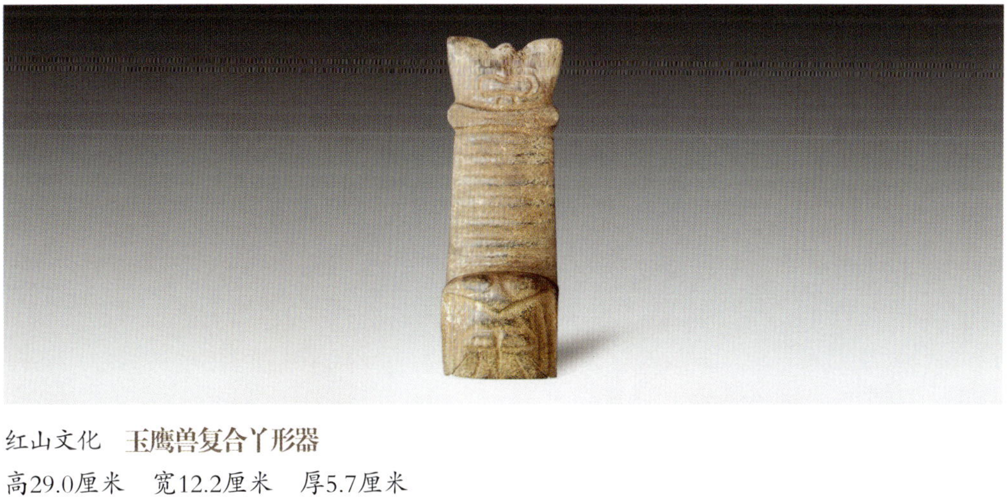

红山文化　**玉鹰兽复合丫形器**

高29.0厘米　宽12.2厘米　厚5.7厘米

此件玉雕，体形硕大，威猛而神秘，是龙和鹰（或鸮）的复合体。为红山文化晚期地域部族变化、合并后的图腾或族徽。

玉质为细玉沟产的绿黄玉，经数千年地下沁蚀，遍体坑点蚀斑，金属与土沁已将器表沁成顽铁状。

经数十年盘玩，只在龙的头部看清玉质。

藏家把玩的红山文化丫形器，多为小型。此器复合，诉说着一段鲜为人知的史前文化，弥足珍贵。

红山文化 **玉鼠首像**

高20.5厘米 宽8.1厘米 厚11.0厘米

鼠首人身，头戴高冠，发缠圆形饰物（珞）。神态威严，蹲坐姿，颇具神秘感，现代人很难解读这一独特的造型。当时部族散居，各有崇拜的图腾，此器或为其一。

玉色绿中泛黄，质朴厚，经多年盘玩，高冠上透出墨绿斑。切割工艺典型，内磨层有明显的拉割痕，是当时以线切割为加工手段留下的特征，也是我们判断古今制玉工艺的重要依据之一，可参研其他红山玉器的特征。此器混沁入骨，50倍放大镜下，器表蚀斑处可见矿物杂沁的点簇。

红山文化　**玉猪龙玦**

高6.1厘米　宽4.8厘米　厚2.6厘米

玦型器创制于7000–8000年前的兴隆洼、查海文化，是带在耳垂的饰物。

此器为龙的最早雏形。红山人在继承先民遗绪的基础上，演化出龙的雏形，并奉为图腾或族徽。悬大器为礼拜，佩小器应为族长权柄的象征。

黄绿色细玉沟玉，质润透，为上选之材；工精，背雕细瓦沟格纹；孔为对穿，大、小孔精加工；沁蚀斑驳，其间牛毛红、琔紫、淡青，沁色斑彩。线切割痕依稀可辨，足证其精。

红山文化　**玉兽首**
高12.5厘米　宽9.0厘米　厚3.5厘米

尖顶、凸目、口半张。此器为祭天礼器，开口处有线切割痕，孔为对穿。细玉沟玉质，青绿色，沁蚀较重，经多年盘玩，局部始现玉色。形简，工粗，一般为早期的陪葬器，为研究这类器型变化的参照器。

红山文化　**玉猪龙**
高21.2厘米　宽14.0厘米　厚5.6厘米

玉质为典型的细玉沟黄绿玉，玉质温蕴通透，灰斑褐沁入骨，造型朴厚传神，为红山文化图腾中龙的雏形器。器硕大，当为部落首领的权柄象征物。工精，打洼为线，大小孔皆为蜂腰状。首高凸，目传神。在此类典型器中应为上佳之作。

红山文化　**捧勒玉神人**

高17.8厘米　宽8.0厘米　厚7.9厘米

绿玉，质蕴润，氧化灰蚀斑遍体，局部开窗处可见玉质。撇耳、大眼、蹲坐状，双手捧物。分指为瓦沟纹，双腿间打一穿孔，神态庄穆、神秘。价值极高。

红山文化　**马蹄形玉冠饰**

高11.8厘米　宽5.8厘米　厚0.8厘米

绿黄玉质，质润透，灰斑，褐色沁入骨，蚀凹斑痕遍体，局部有朱砂沁痕。此器极似马蹄，又呈冠饰状，故名。器形规整、打磨精细。内壁有明显的拉割痕，下部有一对喇叭孔。在同类器物中当为上品，弥足珍贵。

红山文化　**母祖玦形佩**

高4.8厘米　宽3.6厘米　厚1.5厘米

玉质不辨，已钙化成鸡骨白色。长方形，中有一对穿孔，上打一洼。

红山文化　**虎头玦**

外径3.8厘米

绿松石，间有黑褐斑纹，形简有神。

红山文化　**龙首云形大玉饰**

高13.7厘米　宽31.0厘米　厚0.52厘米

以瓦沟纹勾出兽面，含蓄须齿，目圆，顶有斜形对穿孔，周边刃状。

细玉沟玉质，经多年盘玩，局部开窗露地，淡绿色。有土沁、铁沁，蚀斑遍体。

红山文化 **五齿兽面勾云形大玉饰**

高10.8厘米 宽28.5厘米 厚0.5厘米

兽面，露五齿。以瓦沟纹勾出眉、目、齿以及器的所有边角，均为刃状。

绿黄色细玉沟玉。土沁、水沁，金属沁痕斑驳。此器体薄而大，留有线拉开片的弯曲特征。

红山文化 **兽面纹勾云形玉饰**

高9.6厘米 宽15.6厘米 厚0.6厘米

上下兽齿以及眉、目、双耳，用瓦沟纹勾出，边角为刃状。细玉沟玉，形简，沁蚀重，沁色红褐。为红山早期的器物。

红山文化　**五齿鹰首勾云形大玉饰**

高15.0厘米　宽31.8厘米　厚0.55厘米

体周如卷云，中雕一鹰首，鹰喙如勾，下雕五对兽齿。通体边角均为刃形，如钝刀。已沁如顽铁，玉质难辨。开片为线割，不平，稍曲，乃古工的佐证。

红山文化　**四齿鸟羽勾云形大玉饰**

高14.8厘米　宽30.9厘米　厚0.48厘米

体周云形，刃边。中雕一鸮喙和双翅，飞翔状。沁蚀重，强光下可见绿色玉质于边角。

红山文化　**七齿鸟面勾云形大玉饰**

高13.9厘米　宽31.0厘米　厚0.7厘米

周边云形，边皆为刃状，中雕一鸟头形。绿色细玉沟玉，开窗处可见，沁蚀面如铁。

红山文化　**五齿鸮面勾云形大玉饰**

高15.3厘米　宽33.0厘米　厚0.72厘米

四边云形，两边出齿，顶出羽为鸮的特征。已沁成顽铁，沁质难辨。

红山文化 **四齿兽面勾云形大玉饰**

高14.8厘米 宽31.3厘米 厚0.4厘米

兽面张口、露四齿，四边及瓦沟纹边锋利如刃。老土顽沁如铁，玉质不辨。

红山文化 **勾云形玉饰**

高7.5厘米 宽19.2厘米 厚0.38厘米

勾云遍体，上下多有弯钩状的凸起物，整体造型优美流畅，十分灵动。瓦沟纹构形，孔为对穿，边角皆为锋利的刃。器为线割开片，弯曲、厚薄不均。土沁、蚀痕遍体，附有褐色沁，成器较晚。

红山文化　**玉胎龙玦**

高5.8厘米　宽4.9厘米　厚1.7厘米

形象似龙，眼大、嘴翘、体弯如勾，是红山先民的胎龙想像物。玦状，背有便于系挂的对穿孔。目、口，打洼为线。

器已钙化成鸡骨白，开窗处可见绿黄色玉质。

红山文化 **玉鸟**

高11.1厘米 宽5.8厘米 厚6.4厘米

凸目、蜷足、勾尾，展翅飞翔状。喙可见旋纹，尾部雕以瓦沟纹。通体已沁成黑褐色，撒金沁遍体，强光下可见墨绿色的玉地。

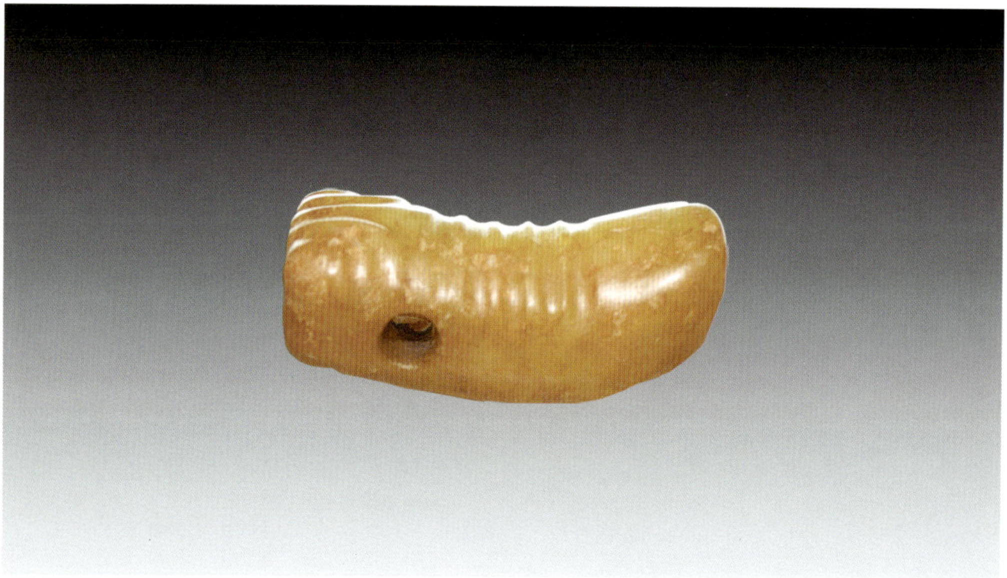

红山文化 **玉蝉蛹**

高5.4厘米 宽2.15厘米 厚2.1厘米

凸目、体弯。横穿一孔、立对穿一孔，头、背、腹部皆雕以瓦沟纹。黄玉质，温润通透，土沁灰斑。

红山文化　**兽首人身坠**

高5.5厘米　宽2.8厘米　厚2.0厘米

凸目圆睁，诡异传神。手伏于腿蹲坐，背部鼻穿孔，尚见木钻痕。绿黄玉质，遍体黑沁和金沁点，应为大坑水银所沁，经多年盘玩，已见宝光。

红山文化　**牛首太阳神**

高12.8厘米　宽4.0厘米　厚2.2厘米

牛首人身，顶有分叉的四个角（寓意太阳光芒四射）；双立耳，喜目斜张，双手捧物，有如农产品的喜获丰收。背面的下部三道瓦沟纹，寓意太阳光辉的延展。对这一诡异造型的图腾，学者为其定名为太阳神，颇具说服力。

此器琢工爽利。细玉沟黄绿色玉，沁含红褐，多处器体已沁成鸡骨白。

红山文化 **鹰首复合神面佩**

高6.2厘米 宽2.5厘米 厚1.8厘米

正雕一神面，头顶一飞翔状鹰。背雕一厉目圆睁的兽首。通体为扁圆形，下钻一系孔。工精，孔留木钻痕。黑褐水银沁兼露金色斑点，为珍贵的图腾佩带物。

红山文化 **马首卷尾玉坠**

高6.1厘米 宽3.6厘米

马头为斜目立耳，耳后打一对穿孔。鬃及马尾均饰以瓦沟纹，造型传神。细玉沟绿玉。水银黑沁，有灰白斑点，长时间盘玩后可褪色。

红山文化 **玉蝉**

高2.3厘米 宽6.8厘米 厚1.9厘米

平卧状，目凸起，背起凸棱，下雕一组斜格纹。上腹部对钻一系孔，工甚精。绿色细玉沟玉。老土沁入玉里，局部蚀斑成绺。经几十年佩带把玩，光润可人。

红山文化 **玉鹰**

高3.9厘米 宽5.0厘米 厚1.3厘米

展翅飞翔状，背有对穿孔。瓦沟为纹，黄绿色玛瑙。

红山文化　**母祖榄形佩**
高3.5厘米　宽5.2厘米　厚0.5厘米

母祖，生殖崇拜物，瓦沟形孔。
黄玉质，褐沁蚀痕。

红山文化　**母祖瓦沟纹佩**
高3.6厘米　宽5.4厘米　厚0.5厘米

母祖，生殖崇拜物。圆形对穿孔，瓦沟纹为饰。
黄玉，铁沁蚀斑。

红山文化　**高冠兽首人身坠**

高7.1厘米　宽2.4厘米　厚2.5厘米

高冠，猪龙形面，人身，蹲坐姿。瓦沟纹线，背有对穿孔。黄玉质，灰、黄沁。

红山文化　**猪首人身坠**

高5.2厘米　宽2.3厘米　厚2.4厘米

蹲坐，猪首，人身形。黄玉，润透，褐色土、铁混沁，工精，部族图腾。

红山文化　**兽首玉笄**

高11.8厘米　宽1.8厘米

猪龙首，针状体，细玉沟玉，绿黄色。土沁、铁沁，蚀坑斑斑。妇女饰物。

红山文化　**人首三孔器**

高18.6厘米　宽5.6厘米　厚3.0厘米

已出土的三孔器，有的为猪首，有的为平头，此人首（男性）三孔器较少见。或为母系社会已向父系社会转变期，三个部族联合起来以后的礼天器物（待考）。人首古朴传神。工精，土、铁沁已入玉骨，局部灰斑兼金属黑沁。

红山文化　玉鸮

高11.1厘米　宽12.5厘米　厚4.8厘米

鸮的造型与鹰有别，鸮的头圆，后收，尾部齐平。此鸮目上仰，翅下垂，栖息状。瓦沟为纹，下边为刃状工，背打鼻穿孔。细沟绿玉，褐色沁入里。

红山文化　**鸟翅形器**

高3.8厘米　延展宽8.7厘米

有研究者名此器为“瓦沟形器”，似不确。此器形如飞鸟，展翅状，弯钩形。以瓦沟为纹，弯处钻两个系孔，为可系带的图腾器。细玉沟黄绿玉，蚀斑灰沁。

红山文化　**玉鹰**

高4.5厘米　宽4.4厘米　厚1.6厘米

鹰凸目展翅，背雕鼻穿。玉已沁成鸡骨白色，蚀斑有再次土沁。

红山文化　**双龙首佩**

高4.0厘米　宽5.6厘米　厚0.9厘米

背靠背的双龙，瓦沟纹，体、角各穿一孔。

玉质不辨，沁成黑褐色，蚀点灰斑。

红山文化　**兽首坠**
高6.2厘米　宽3.5厘米　厚1.8厘米

器形诡异，有如举翅的胎龙，应为系挂的图腾。
凸目打洼，瓦沟为纹。经多年盘玩，始露白玉地，中部尚未盘出，灰沁入里；白玉地处，朱砂红沁，婉若朝霞，惊叹古工之美。

红山文化　**人首翔鹰饰**
高12.2厘米　宽10.2厘米　厚5.8厘米

人首戴羽冠，神态庄穆，鹰体飞翔状。瓦沟纹构形，开窗处可见绿色玉质。老土、灰沁蚀斑遍体，图腾。

红山文化　**玉鸮**

高4.4厘米　宽4.5厘米　厚2.2厘米

玉质不辨，工精，黄、绿、灰、褐、红五彩沁，十分难得。

红山文化　**玉龟**

高6.5厘米　宽4.1厘米　厚1.8厘米

探头龟形，目、足以瓦沟纹勾出，形象生动。玉已沁成灰褐色，质难辨。

红山文化　**玉勒（一对）**
高2.6厘米　径1.95厘米

圆柱形，三道瓦沟弦纹，对打一孔，台痕可见。
一为黄玉质，红沁，灰色蚀斑；一为绿玉质，灰斑，乃拉线的工具。

红山文化　**玉刀**
高6.7厘米　宽11.6厘米　厚0.4厘米

斜口刀，有一对打的斜穿孔。
黄绿色玉，灰蚀斑遍体，工具。

红山文化 **人面方形佩**

高6.0厘米 宽3.9厘米 厚1.1厘米

方形，中间对打一个圆孔，正反面的四角各雕一人面，有一个斜打的对穿系孔。绿色细玉沟玉，瓦沟纹内有蚀斑灰沁，为母祖形佩。

红山文化 **玉鹰**

高5.0厘米 宽5.5厘米 厚1.2厘米

鹰型标准器，瓦沟纹，起棱有力。鼻穿孔于鹰的背脊，半石质，灰蚀遍器，应为红山文化早期玉雕。

红山文化　**玉勾形龙**

高7.0厘米　宽6.6厘米　厚1.1厘米

小玉勾形龙，口略张，目传神，瓦沟为线，边楞如刃；体如柱形，但不甚圆，留有手工刮痕；眼为缩钻对打，台痕如阶，乃古工之证。

通体钙化，已沁成象牙白色，器小而精，弥足珍贵。

良渚文化　**兽面纹玉环**

直径15.8厘米　厚1.2厘米

玉质不辨，受沁后已变质，呈鸡骨白色。土褐色沁蚀斑，凸雕兽面纹，稀有。

红山文化 **龙冠立耳玉造像**

高13.6厘米 宽6.8厘米 厚4.8厘米

此像坐姿，双手抚膝，猪龙形头，双立耳，高冠斜立，上雕一弯曲凸起的阳线（似盘曲的蛇形，也像一个篆书的“久”字），待考。局部以瓦沟为纹，面肃穆，目传神。

土褐沁已沁成铁褐色，耳轮处，尚见一绿色玉地，为红山人的图腾。

良渚文化 **兽面纹玉璧**

直径13.8厘米 厚1.0厘米

玉质不辨，受沁后已变质，呈鸡骨白色，土褐色蚀斑。凸雕兽面纹，稀有。

良渚文化　**凸目纹玉勒**
高2.6厘米

玉质不辨，受沁质变，呈鸡骨白色，褐沁蚀斑。凸目简练，造型精美，存世精品。

良渚文化　**玉勒**
高4.7厘米

玉质不辨，受沁呈鸡骨白色，土黄色沁斑。两组简化神徽纹，打洼凸起，存世精品。

良渚文化 **羽冠兽面纹玉琮（五组）**

高16.6厘米 射径（上）8.0厘米 （下）7.6厘米 孔径5.9厘米

玉质不辨，褐色沁斑，蚀痕，钙化灰皮。中孔存对穿台痕，三组简面，两组繁勾兽面纹，十分传神，存世精品。

良渚文化 **羽冠简化神面纹玉琮（五组）**

高18.8厘米 射径（上）6.0厘米 （下）5.7厘米 孔径4.0厘米

青玉，已钙化，灰皮褐色沁蚀斑。器表以转角为中线，圈目，凸嘴，传神奕奕，存世精品。

良渚文化　**兽面纹锥形器**

长29.8厘米

玉质不辨，受沁质变为鸡骨白色。打洼，锐器刻划兽面纹精致。对穿眼，存世精品。

良渚文化　**羽冠神人兽面飞目纹玉璜**

高8.3厘米　宽18.0厘米　厚1.76厘米

玉质已钙化成鸡骨白，局部质变透露肉红色（余杭一带的良渚文化玉器，在墓中多已沁蚀成鸡骨白）。工精，凸起精刻神人兽面及飞目纹，器形宽展，纹饰精细传神，为存世绝精之良渚典型器。

良渚文化　**神人兽面纹玉琮**

高6.2厘米　射径（上）9.7厘米（下）9.5厘米　孔径7.5厘米

青玉，黑褐色沁，钙化灰蚀斑纹。两组纹饰精刻传神，存世玉琮中之精品。

良渚文化 **兽面纹玉钺**

高24.7厘米

玉质不辨，钙化成鸡骨白色，黄褐色沁纹遍体，对穿眼有钻痕，大器，精品。

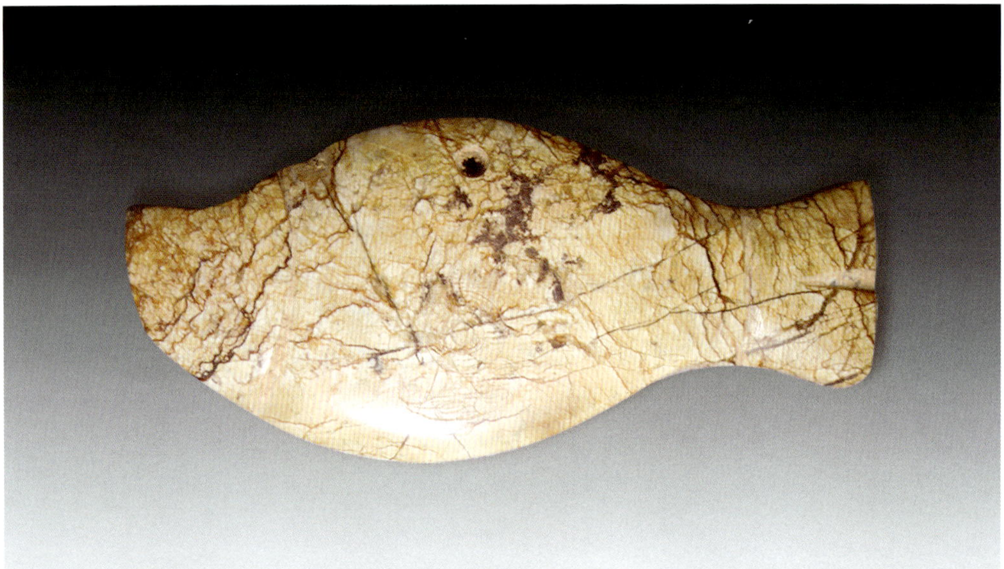

良渚文化 **鹰蟜纹玉鱼**

长8.4厘米 厚0.8厘米

地方玉（小梅岭一带的透闪石），已变质，呈黄褐色。浅沟纹，对打眼，沁成黄褐斑纹。

良渚文化 **神徽纹三叉形器**

高4.8厘米 宽8.5厘米

地方玉，已变质，器成黄褐色。

工精，以尖利器划刻神徽、冠羽等纹饰。

良渚文化 **羽冠兽面纹筒形器**

高4.9厘米 直径5.1厘米

玉呈青白色，沁斑呈黄褐色。

兽面纹分成两组，工细而传神。

良渚文化　**兽面纹三叉形器**
高4.0厘米　宽6.6厘米

绿色玉，沁蚀后大部分钙化，灰黄色。
中打一对穿孔，尖物刻画兽面纹，三叉形。

良渚文化　**兽面纹三角形玉琮**
高4.2厘米　宽8.2厘米

地方玉，灰黄色，多处沁成黑斑点。
线划兽面纹，粗率而传神，中打一个穿孔但不对通，孔内有褐色残留物及木屑，应为良渚人早期高举的琮图腾，罕有。

良渚文化　**玉管**

高6.6厘米

玉已变质，呈淡黄色。

两组简化兽面纹，器不太圆，中打一对穿孔，工较粗。

良渚文化　**玉管**

高5.7厘米

玉成鸡骨白色，有沁蚀白化后与朱红色相交的斑纹。

两组简化兽面纹，对打通穿孔，工极精细，多年盘玩，应列珍品。

良渚文化 **玉鸟**
身长4.5厘米

玉褐黄，白化沁斑。
鸟展翅状，形象逼真。

良渚文化 **玉璜**
宽10.6厘米

玉已变质，鸡骨白色，黑、褐色沁斑。
半环状，眼为对穿（残环改制）。

良渚文化 **玉琮形勒**

高7.6厘米

天目山一带的透闪石，玉已钙化成鸡骨白色，黑色沁痕。器有一对穿孔，线雕三组兽面纹。

良渚文化　**兽面纹玉琮**

高5.5厘米　射径（上）7.8厘米（下）7.6厘米　孔径5.6厘米

琮的四角凸出方形台，台上线刻兽面纹及弦纹。形如内圆外方的琮，是古人天圆地方观念的臆造礼器。四角雕有兽面图案，是氏族的图腾，乃统治氏族的权力象征。

良渚文化　**三组简化神面纹玉琮**

高7.8厘米　射径（上）6.6厘米（下）6.4厘米　孔径4.9厘米

鸡骨白，土黄沁色，有燔祭火燎的痕迹，呈褐色。

良渚文化 **三组简化神面纹玉琮**

高8.0厘米 射径（上）6.2厘米（下）6.0厘米 孔5.0厘米

鸡骨白，黄色筋纹、牛毛纹，线刻简化神面，工爽利。对打圆孔，经过修整。

良渚文化 **羽冠神徽兽面纹玉琮**

高6.2厘米 射径（上）9.0厘米（下）8.8厘米 孔6.2厘米

绿色玉，土黄褐色及水沁深侵遍体，多处蚀斑露铁褐色沁（具有太湖东岸地区良渚文化玉器的沁色特征）。器为方圆柱体，对钻圆孔，台痕已经修整。琮表分为两节，上节雕刻羽冠神面纹，下节雕刻简化兽面纹。

此器为良渚文化定制之玉琮，至珍。

良渚文化　**玉圭**

高5.8厘米

绿黄色玉，局部已沁成灰白色，孔为对打，佩饰。

良渚文化　**琮形玉勒**

长 5.5 厘米

玉已沁成褐黄色，三组神兽面纹，对穿孔，佩饰。

良渚文化　**玉璜**

高3.0厘米　宽7.0厘米　厚0.26厘米

玉大部变质，钙化为灰白色，对打双孔，佩饰。

良渚文化 **玉勒**

长5.3厘米

玉已沁成黄褐色、有蚀斑、蚀孔。

三组神兽面纹，佩饰。

良渚文化 **兽面纹玉坠**

长3.9厘米

榄形玉坠，中雕两面兽面纹，对打一个小系孔。玉质不辨，已沁成褐黄色，兼有苍灰斑纹，佩饰。

良渚文化　**兽面纹橄形玉勒子串饰**

长2.5—2.6厘米/节

多为褐色玉，水沁，器刻画兽面纹，对打眼。

良渚文化中晚期的佩饰。

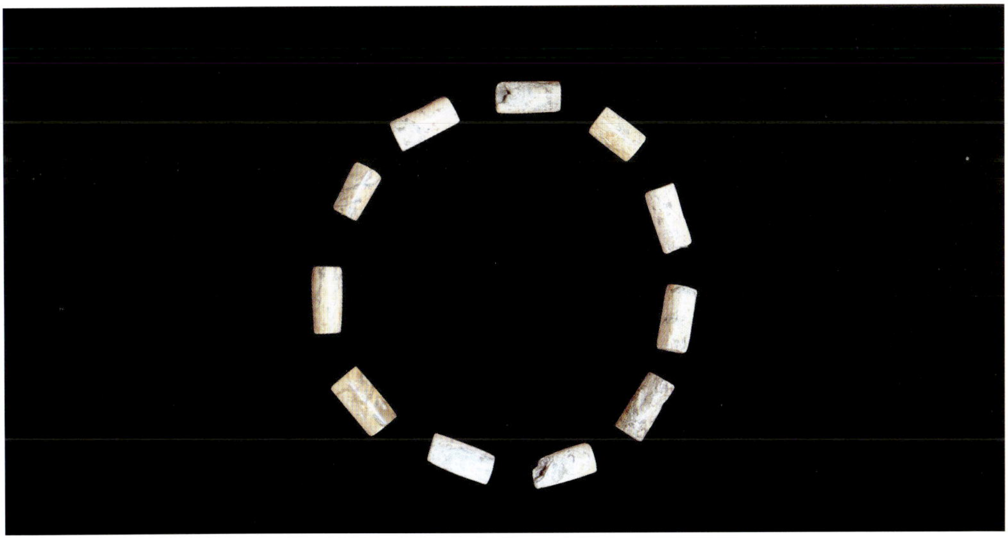

良渚文化　**玉素勒子串饰**

长1.8—2.0厘米/节

水沁,黄褐色沁。良渚文化早期的佩饰。

良渚文化 **玉简化兽面纹三叉形器**

高4.8厘米 宽7.8厘米 厚1.2厘米

玉较软，已质变为鸡骨白，光润可人。有金黄色沁斑，褐红色沁及灰黑色纹带。工精，打洼起兽面纹，管钻目，对打天地通穿孔。

良渚文化 **玉兽面纹三叉形器**

高6.0厘米 宽9.5厘米 厚1.5厘米

玉已变质为鸡骨白，大部已沁成金褐色兼有土黄色纹带。打洼起凸线划兽面纹，对打天地通穿孔。

查海文化　**玉玦**

径约3.9厘米（不圆）

地方玉，线拉割纹，孔为对打后线拉出斜坡。玦口宽纵，此期典型器。

齐家文化　**玉箍形器**
高3.3厘米　口径8.0厘米　腰径6.9厘米

象牙白，上雕一洼，或为王冠。

黄河流域文化　**玉兽**
高4.2厘米　宽2.2厘米

绿玉，灰沁斑，伏卧状，有系孔。

黄河流域文化　**大耳男玉人**

高6.9厘米　宽2.4厘米　厚3.0厘米

黄绿玉，红色牛毛纹，灰蚀斑，坐姿，形朴讷。

黄河流域文化　**蹲式女玉人**

高7.0厘米　宽3.2厘米　厚4.2厘米

青黄玉质，与东周时期玉器选材略同。遍体红色斑点，灰色斑，传神，器精绝，为上品。

黄河流域文化　**坐式玉人**
高5.1厘米　宽2厘米　厚2.2厘米

玉质不辨，灰沁。
坐姿，头有发髻，背有对穿孔。

黄河流域文化　**双人首佩**
高7.7厘米　宽4.2厘米　厚1.3厘米

黄绿玉，土褐沁，蚀斑。
形朴讷传神。

黄河流域文化　**仰面玉人**

高6.3厘米　宽4.2厘米　厚2..6厘米

绿色玉，红色纹络，灰色蚀斑。

仰面坐姿，散淡木讷。

黄河流域文化　**独角玉人**

高7.8厘米　宽2.8厘米　厚3.2厘米

玉质难辨，黄褐色沁，灰斑。

面怪异，头立一角，角有系孔。

黄河流域文化　**尖顶玉人**

高5.7厘米　宽2.3厘米　厚3.4厘米

黄绿玉，褐红斑纹。

坐姿，头立一发髻。

黄河流域文化　**兽面纹玉佩**
高4.0厘米　宽4.1厘米　厚1.7厘米

绿色玉，红色斑纹。
立眉，圆目，有对打的系孔。

长江流域文化　**三角兽面纹玉琮**
高3.2厘米　宽4.3厘米　厚2.5厘米

玉质不辨，褐色沁斑。
三角形，正面起凸台，上雕兽面纹，有一对穿眼。

长江流域文化　**神面圭形佩**

高8.2厘米　宽3.2厘米　厚1.3厘米

玉质不辨，灰褐色沁，蚀孔。

象征男祖，有对打系孔。

长江流域文化　**长方形兽面佩**

高4.5厘米　宽3.7厘米　厚1.1厘米

玉质不辨，灰褐色沁斑。正面起凸台，上雕一兽面纹，对打通穿孔。

长江流域文化　**椭圆形兽面纹佩**

高5.8厘米　宽4.6厘米　厚0.6厘米

玉质不辨，褐黄色沁，有火燔的痕迹。

长江流域文化　**三角形兽面纹佩**

高5.3厘米　宽5.6厘米　厚1.3厘米

黄褐色玉，黑色蚀斑，
有火燔的痕迹。

长江流域文化　**兽首佩**
高5.6厘米　宽2.6厘米　厚2.8厘米

玉色灰黄，灰色沁斑。
兽面纹，头顶有对打的鼻穿。

长江流域文化　**兽面纹玉勒**
高6.3厘米

玉色灰褐，蚀孔。
上下各雕一个兽面纹，中打一对穿孔。

长江流域文化 **兽面牌饰**

高5.3厘米 宽5.9厘米 厚1.5厘米

黄褐色玉，斑纹蚀孔。

双面各雕一个兽面，中打一对穿孔。

长江流域文化 **鼓形勒**

高4.0厘米 宽2.7厘米

褐色玉，雕一兽面纹，中打一对穿孔。

夏　**玉璇玑**

最大外径10.2厘米　孔径5.8厘米

墨绿色玉，灰白色沁斑，圆弧上有脊齿和刃。

商　**玉璧**

直径14.0 厘米

青玉，褐色沁，灰蚀斑纹。大器无工，造型庄穆朴厚，商璧的典型器。

商　玉琮

高3.6厘米

青玉，玉质纯净润泽，褐色沁，局部有钙化灰斑蚀孔。以四角为中心，琢有雨纹及兽面纹。射（凸出的部分）略高，质朴典雅。

商　**鸟形佩饰（一对）**

长7.8厘米

黄玉，质纯净无瑕，光泽深蕴。线纹宽深游走，展露神韵，商代典型器中之精品。

商　**小耳人面玉佩饰**

高4.2厘米

青玉，褐沁蚀斑，局部有钙化灰皮。立耳饰云纹，眉上挑，目圆睁，形象威猛。

商　**大耳人面玉佩饰**

高2.0厘米

青玉，褐色沁斑，局部有钙化灰皮。目传神，大耳外张，形态威严庄穆。

商　**钺形玉佩**

长6.0厘米

黄玉，质纯净、温润、通透、有褐色沁斑及钙化蚀痕。两侧出戟，对穿孔，有台痕，为典型的权力象征物。质精器美，存世精品。

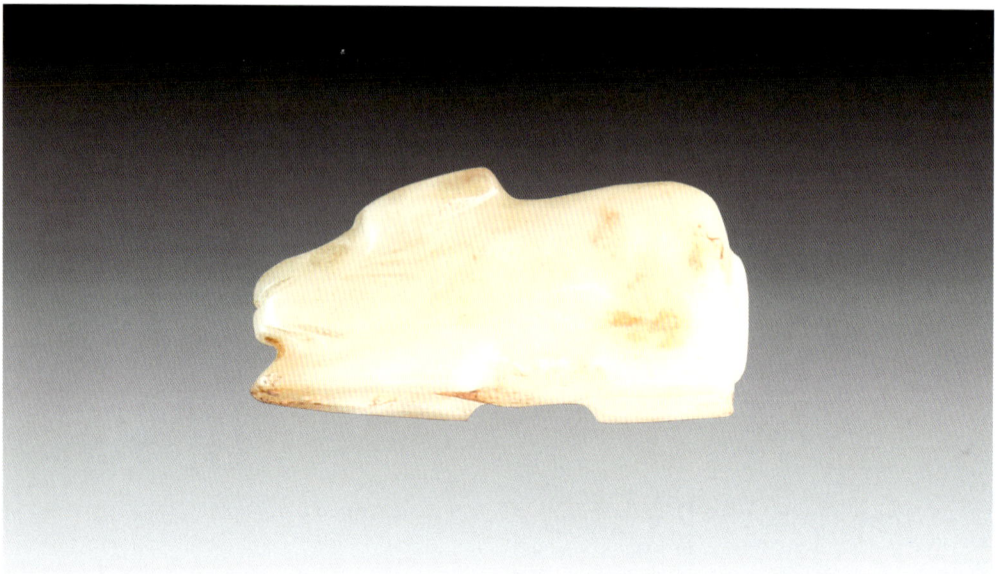

西周　**玉兔**

长2.7厘米

白玉，质纯净、温润、通透，形像逼真，异常传神，存世精品。

西周　**尖首圭**

高9.0厘米

黄玉，质温润、通透，褐沁蚀斑。大器无工，典型器。

西周　**乐手侍吏玉人组印**

白玉质，质温润，纯净无瑕，象牙白色，褐沁。吹笙乐手跪姿，打洼丝发上卷，背饰飘扬，有如御风。玉衣饰勾云纹生动文秀，人物以活链相连。两个侍吏的底座上，各刻有篆文“侍”、“吏”两字。质至精、工至美，为传世精品。

西周　**龙螭玦形佩（一对）**

径5.0厘米

白玉，玉质晶莹、通透、柔润、玻璃光泽，局部钙化灰白斑。双勾纹线精深文秀，顶凸蘑菇头，商代遗韵，存世至珍。

西周　**双鸟佩饰**

外径4.8厘米

白玉，玉质晶莹、通透、柔润、玻璃光泽，黄褐色沁，局部钙化灰白斑。双鸟绕环，造型生动，双勾纹线游走深秀，鸟图腾遗风，存世至珍。

西周　**团凤纹玉佩**

外径4.2厘米

青玉，钙化灰皮，有黄褐色沁痕。线纹深秀，造型传神，穿孔有台痕，典型器。

西周 **造像纹系璧**

外径8.1厘米

白玉，局部已钙化，呈灰白色，有褐色沁。“好”内饰一人物造像，朴讷庄穆。阳起线纹遒劲，形象逼真。

西周 **龙形玉佩**

长5.8厘米

白玉，玉质晶莹通透、柔润、玻璃光泽，黄褐色沁，尾部钙化灰白斑。造型生动传神，双勾线纹游走深秀。

①

②

西周　**捧物玉人**

高13.2厘米

青白玉，钙化灰皮蚀斑，褐色沁及朱砂沁斑。跽坐姿，双手捧物，神态肃穆庄雅。顶卷发，发丝、眼、口线纹深秀，服装多以阳起的变形卷云纹为饰，遗世珍品。

西周 **平顶羽饰玉人**

高9.9厘米

白玉，钙化灰皮蚀斑，浅褐色沁痕。跽坐坐姿，气度恢宏，威严肃穆。平顶，衣饰华美，王侯贵族气质。工精质美，珍品。

西周 **捧盒玉人**

高8.2厘米

青玉，土褐色沁，灰斑蚀痕。跽坐姿，双手捧物，神态庄穆。工精形美，上品。

西周 **捧绦玉人**

高7.7厘米

青玉，深褐色沁，灰斑蚀痕。跽坐姿，双手捧物，神态庄穆。工精形美、上品。

西周 **兔形玉佩**

高7.3厘米

青玉，钙化灰斑蚀痕，褐色沁。造型承商代遗韵，朴拙传神。顶为蘑菇头状，单勾线纹遒劲有力，西周初期的典型器。

西周　**玉鸟（一对）**

高5.2厘米

玉质不辨，钙化，已呈鸡骨白色，褐色沁，线纹简练深秀，形象生动。

西周　**凤鸟形玉佩**

长9.3 厘米

黄玉，质温润，纯净无瑕，灰褐色沁，线纹游走深秀。打磨圆润，抛光细腻，生动传神，遗世精品。

春秋　**雷纹玉瑞兽**

高9厘米

白玉，土褐色沁，灰斑蚀孔。雷纹双勾阳起，遒劲有力。头有角，双目圆睁，炯炯有神；爪有力；尾勾卷。形象生动传神，存世精品。

春秋　**夔龙纹玉佩**

长6.3厘米

白玉，砂坑沁，呈金点状。伏卧形，张口，卷尾，头顶蘑菇状，尾有系孔。有商代遗韵，珍品。

春秋　**八龙纹玉瑗**

外径8.0厘米

青白玉，土褐色沁。纹饰简练，凸雕虺纹，每面各有抽象龙纹四条，至精。

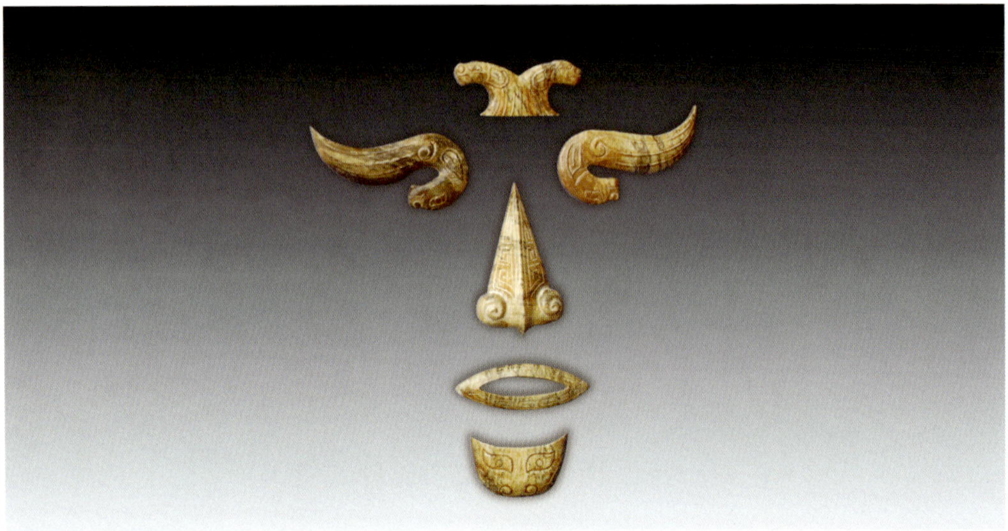

春秋　**精雕玉面幕（六件组）**

白玉，已钙化呈鸡骨白色，深、浅不同的褐色沁。面幕由额冠、眉、目、鼻、口、下颌等六件饰物组成。阴刻线纹深秀，阳起的面纹以及变形云纹，刚劲有力，形抽象而独具创意，美形精工，极具文物价值和审美价值。在遗世的玉面幕中，应列玉雕精品。

春秋　**龙纹玉璧**

外径9.6厘米

黄玉，质润泽，纯净无瑕。双勾线纹深秀游走，质佳工精，允为上上品。

春秋　**精雕蒲纹玉飞龙（一对）**

长21.8厘米

青玉，质纯净，润泽。线纹琢工精准劲健，造型优美生动，十分传神，存世精品。

春秋　**精雕盘曲大龙（一对）**

长29.6厘米

青玉，质温润、纯净，局部钙化灰斑。琢工精准，变形云纹自然流动，器形生动传神，存世大型玉龙之珍品。

春秋　**虬龙纹系璧（一对）**

外径2.7厘米

青玉，质润透，凸雕虬纹，精品。

战国　**勾龙形玉佩**

高9.2厘米

青玉，质纯净、润透，灰斑。谷纹高凸，地张平整，线纹爽劲俏拔。形象生动传神，精品。

战国 **琮式勾云纹玉勒**

长4.5厘米

白玉，质温润，纯净无瑕，乳丁凸起，勾连成云纹。质美工精，为上品。

战国 **团龙形玉佩**

宽9.0厘米

青玉，质纯净、润透，灰褐沁。谷纹高凸，地张平整。线纹爽劲俏拔，形象生动传神，精品。

战国　**透雕螭纹心形佩**

高10.8厘米

白玉，质纯净无瑕、温润、玻璃光泽。中心透雕一螭，尾出廓。琢工秀美，堪称极精的高浮雕遗存。

战国　**玉瑞兽**

长10.5厘米

青玉，质温润、纯净，开窗，钙化处灰斑褐沁。形象凶猛传神，琢工精，存世珍品。

战国　**透雕谷纹曲体玉龙**

长20.5厘米

黄玉，质温润、纯净，褐色沁，钙化处灰斑蚀痕。造型雍容传神，龙体勾曲翻转有序，体琢谷纹，地张平整，为精工之表征。

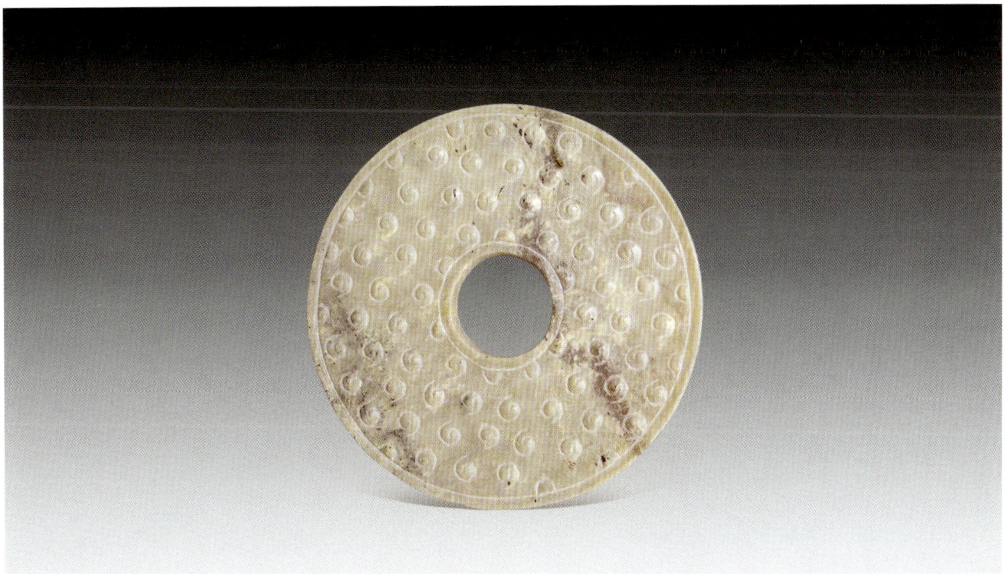

战国　**谷纹系璧**

外径6.6厘米

青白玉，质纯净、无瑕。谷纹，地张平整，四色彩沁，精品。

战国　**双龙护螭玉珩**

长16.0厘米

黄玉，质温润，纯净无瑕，局部钙化灰斑褐色沁。身饰谷纹，地张平整，精品。

战国　**透雕三螭绕环玉佩**

径6.3厘米

白玉，质润透、无瑕，褐色沁，灰蚀斑纹。三螭探头勾尾相绕，生动传神，螭身线纹深秀，质精工美，传世精品。

战国　**螭纹玉勒**

长6.1厘米

白玉，质晶莹通透、润泽无瑕，浅褐色沁。纹凸起勾连盘迂，精巧别致，为精品。

战国　**云纹玉鳖**
长8.0厘米

白玉，局部钙化，灰褐沁，蚀斑。身琢凸起云纹，造型生动。

战国　**龙凤纹出廓三联璧**
高21.5厘米

白玉，质温润、通透，有再生斑纹，局部钙化蚀孔，沁呈褐红色。大璧“好”内透雕一龙，外饰双凤。勾云纹、谷纹、绳纹、琢工深秀，地张平整，形庄美、工精细，品列珍精。

战国 **绞绳螭纹双圈玉环**

外径7.2厘米

白玉，质滋润、纯净无瑕，褐色沁。外圈螭身与内圈均琢绞绳纹，打洼阳起线纹，琢工深秀，工精形美，为精品。

战国 **云纹玉琮**

高6.9厘米

白玉，土褐沁，钙化蚀斑，兼有再生斑纹。以四角为中心，琢制凸起云纹。工苍润朴厚，变化前代造型，具有典型的时代风格，精品。

战国 **龙纹刀形饰**

长16.0厘米

青玉质，土褐沁，钙化蚀斑，兼有再生斑纹，刀工较精。

战国 **云螭纹玉剑璏**

长10.8厘米

白玉，质润透、无瑕，局部钙化蚀斑，褐色沁。勾云纹，地张平整，精品。

战国　**瑞兽奔驰**

长12.8厘米

白玉，局部有钙化灰斑，褐色沁痕。琢工精细，线纹简洁凝练，口张，翅扬，尾甩，奔驰状，造型生动传神，为遗世精珍。

战国　**龙首云纹玉饰**

高5.8厘米

黄玉，局部有灰蚀痕，朱砂沁。筒状龙首，器身乳丁勾连云纹，质美工细，精品。

战国　**龙凤纹玉珩**

长12.1厘米

玉质不辨，鸡骨白，褐色沁斑。饰双龙双凤首和谷纹，琢工简练深秀，精品。

战国　**龙凤饰舞娘**

长18.0厘米

青玉，质润泽，局部钙化，灰斑蚀孔，褐色沁斑。形传神，舞袖饰龙，精美。

战国　**谷纹双犀璜**

长22.6厘米

白玉，质温润，纯净通透，了无瑕疵，局部钙化灰蚀斑，褐色沁痕。双犀首琢刻精美，游线细如发丝，形神皆佳。体琢谷纹，乳丁凸起，地张平滑。器大，应为礼器，在同类器物中，品列稀珍。

战国　**谷纹玉虬龙（一对）**

长13.8厘米

白玉，局部钙化灰蚀斑，有褐色沁。“S”形，边饰索纹，身琢谷纹，造型传神。

战国　**勾云纹玉管**

长9.0厘米

青玉，局部钙化成为鸡骨白，开窗露地。边饰索纹，体琢勾云纹，工精美。

战国　**双舞娘玉佩**

高6.0厘米

黄玉，质纯净、无瑕，褐色沁。琢工深秀，舞女扬袖对舞，精美传神，为上品。

战国　**谷纹玉瑗**

外径16.8厘米

黄玉，质纯净、无瑕，褐色沁，蚀斑。索纹斜立，琢工精，谷纹凸起，地张平整，精品。

战国　**尖喙螭玉佩（一对）**

高10.0厘米

黄玉，质润泽通透，再生斑纹，褐色沁。形精美传神，线纹游走深秀，精品。

战国　**玉具剑饰组（四件）**

白玉，质温润、通透、纯净、玻璃光泽，有钙化蚀斑，褐沁。此组玉具共四件："首"中间琢高浮雕螭纹、边索纹、勾云纹；"格"、"璏"、"珌"皆饰高浮雕螭纹。琢工精细深秀，器大而精，雍容华贵，至精至珍，传世之宝。

战国　**玉剑（七件组成）**

黄玉，质润透、纯净，玻璃光泽，局部有钙化蚀痕和再生斑纹，褐色沁。“首”、“柄”饰弦纹，“格”饰兽面纹，剑身无纹饰，剑鞘饰云纹或雨纹。琢工精细深秀，构思文雅大方，彰显华贵，珍品。

战国　**玉羽觞**

长15.2厘米

青黄玉，质温润、通透、纯净无瑕，局部有钙化灰斑痕，褐色沁痕。双耳下饰圈纹，耳的外缘琢有圆雕尖嘴螭和圆嘴螭各一，工精细，造型生动传神，珍品。

战国 **谷纹卷尾玉龙**

外径20.3厘米

青黄玉，质温润、通透，局部钙化灰蚀斑，褐色沁痕。身饰谷纹，边斜立饰索纹。龙卷尾，体“C”字形，有喇叭形穿孔。器大精整，造型独特而传神，应为悬于斋堂之礼器，亦为积累财富之吉祥物，遗世至珍。

战国 **透雕双龙出廓璧**

高27.2厘米

青黄玉，质纯净、无瑕、温润通透，局部钙化、灰斑褐沁。透雕，连体双龙首相对出廓，造型宏阔雍容、雅致大方。琢工精细，线纹深秀温文。龙身饰谷纹，地张平整，边斜立饰索纹。战国典型器，应为精雕之斋堂礼器，亦为聚财炫富之饰品，存世至珍。

战国 **谷纹玉飞龙**

长29.3厘米

青黄玉，质通透、温润、玻璃光泽。局部钙化，灰斑蚀痕，褐色沁。构思奇巧，别开生面。透雕飞龙形，呈弯身舒尾飞腾状，造型灵动传神。龙身凸雕谷纹，地张平整，斜立边饰索纹，战国玉工之典型作品，有喇叭形穿孔为系。此乃礼器，亦为聚财炫富之饰品，至珍。

战国　**曲体玉龙（一对）**

长15.8厘米

黄玉，质纯净、无瑕、玻璃光泽，褐色及朱砂色沁。龙身饰谷纹，地张平，斜立边饰索纹。战国典型器，造型有动感，如穿云飞行，工精，遗世精品。

战国　**双犀首谷纹玉璜**

长29.0厘米

青黄玉，质温润、无瑕，局部钙化，灰斑褐沁。开窗处通透，玻璃光泽，温润蕴藉。双犀首形象传神，身琢谷纹，纹线俏爽，地张平整，斜立边饰索纹，喇叭形系孔。战国典型礼器，罕见之珍品。

战国 **谷纹玉虎**

长29.9厘米

青黄玉，质温润、纯净，大部钙化，开窗，灰斑褐沁，玻璃光泽。虎形宽头粗尾，弯腰，爬行状。神态威猛，传神奕奕。身琢谷纹，凸立圆润，地张平整，边斜立饰索纹，喇叭形系孔。东周典型礼器，亦为财富宝藏，遗世珍品。

战国 **曲体玉龙**

长28.8厘米

青黄玉，质纯净、无瑕，局部钙化，灰蚀斑，褐色沁，玻璃光泽。龙游走传神，身饰谷纹，地张平整，琢工精良。边斜立饰索纹，系孔喇叭形，战国典型礼器，为古代财富象征，珍品。

战国 **勾尾玉龙**

长26.0厘米

青黄玉，质纯净、温润，局部钙化，灰蚀斑，淡褐色沁，有玻璃光泽。龙形古朴，身长如蛇状，存古遗韵。造型独特，有动感，十分传神。身饰谷纹，地张平整，琢工精细。边斜立，内饰索纹，背有系孔喇叭形，战国典型器，珍品。

战国 **透雕龙纹玉璧**

外径21.4厘米

青黄玉，局部钙化质变，灰已入玉理，炒米黄色沁。"好"内透雕一龙，舞动状。"肉"饰谷纹，地张平整，斜立边饰索纹，遗世精珍。

战国　**飞龙舞凤玉佩饰**

长18.0厘米

黄玉，质温润、通透无瑕、玻璃光泽，局部钙化土灰斑，朱砂沁。一龙五凤戏舞，形美质优，遗世珍罕，为上上品。

汉　**圆雕玉舞娘**

高13.4厘米

白玉，质晶莹、通透、润泽无瑕，局部钙化，土灰蚀斑深入玉理，褐色沁。琢工精细，翘袖折腰，舞姿生动传神。西汉典型器，品列精珍。

汉　**透雕螭龙出廓玉璧**

高10.8厘米

黄玉，质温润、通透无瑕，局部钙化，蚀痕灰斑，黑褐色沁。螭龙绕环，游走生动，造型精美，线纹舒展，琢工深秀，为精品。

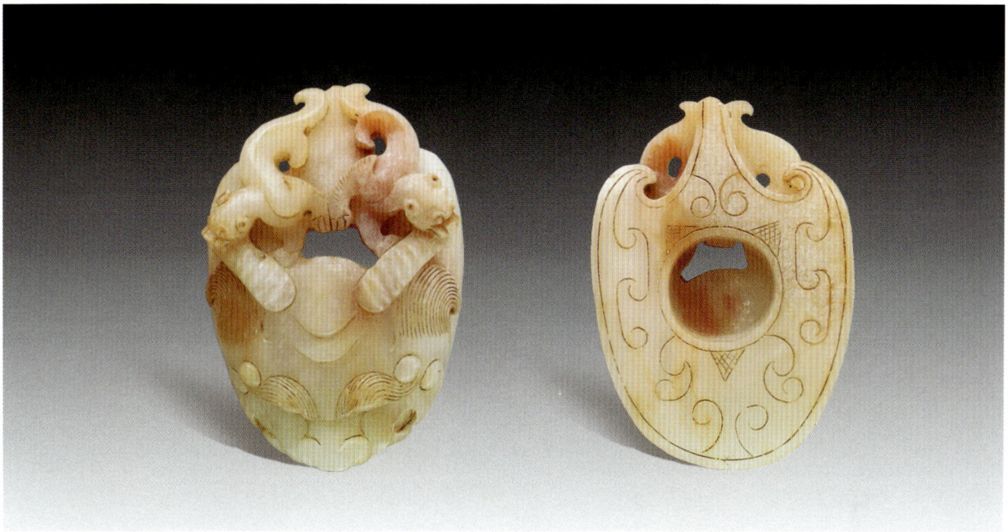

汉　**高浮雕双螭戏角心形佩**

高6.8厘米

白玉，质纯净、无瑕、油润通透、宝光凝聚，局部钙化，淡黄色灰皮，沁呈淡淡的褐黄色，有如朝霞一抹，十分瑰丽。造型别致，龙首、双螭戏角，意境高雅，童趣盎然，品列精珍。

汉　**圆雕谷纹玉人**

高16.8厘米

白玉，质深蕴润泽，大部钙化，有再生蚀斑，土褐色沁。琢工精良，细发如丝。凸雕谷纹，地张平滑，圆雕精品。

汉　**云纹咬尾龙形玉环**

外径6.4厘米

白玉，质温润、通透，局部钙化呈鸡骨白色，褐黄色沁。饰云纹，工细而精。

汉　**透雕螭纹玉佩**

长8.0厘米

白玉，质润透、无瑕，小部钙化，呈土灰色。透雕螭，立体感强，质优良，工精美，极品。

汉　**冠蝉**

长9.0厘米

青玉，头部有鼻穿。质润透，玻璃光泽，局部钙化，灰白斑。工精，“八刀”神韵，老残一尾。

汉　**龙纹三联环**

外径17.7厘米

白玉，质温润、无瑕，钙化灰斑蚀痕，淡褐沁斑。三璜联成环形，偏刀深秀，遗世精品。

汉　**覆斗玉印**
高3.4厘米

黄玉，质蕴润、无瑕，褐色沁斑，钙化蚀痕，琢工线纹深秀，精品。

汉　**小覆斗玉印**
高1.5厘米

黄玉，黄、白各半，质温润，无瑕、玻璃光泽。质坚硬，淡褐沁，对穿孔。

汉　**圆雕玉鼠**
长6.3厘米

白玉，质纯净、通透无瑕，鼠伏卧，安逸传神。腿、尾部有蚀斑，褐沁，品列精珍。

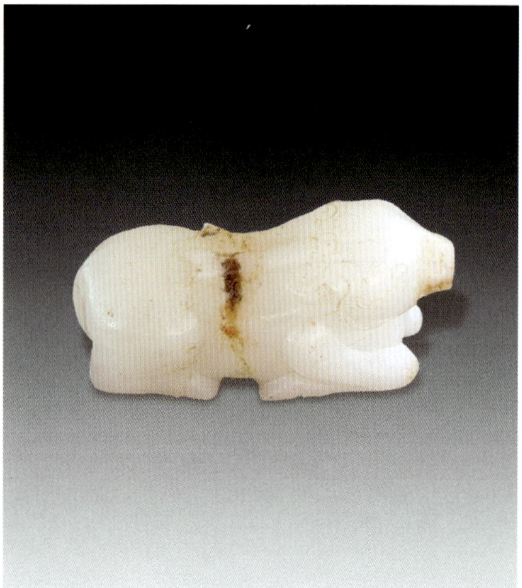

汉　**玉瑞兽**
长5.8厘米

白玉，质润泽、纯净，口及背部有黄褐色沁。琢工精，双角或称辟邪，形逼真，精品。

汉　**乐舞玉人组（五个）**

高10.2厘米—12.2厘米不等

白玉，质温润、纯净，钙化呈鸡骨白或象牙白色，淡赭、桂花黄、褐色沁及黑褐瑕斑。其中一舞女翘袖折腰起舞，形神婀娜（传：此舞姿为汉初戚夫人所创）；四个乐手，各执琵琶、笙、笛和腰鼓，造型写实传神、栩栩如生，充分体现了汉代高超的造型艺术和审美情趣。为遗世圆雕玉舞人中之极品。

汉　**龙凤纹出廓系璧**

外径7.8厘米

白玉，整体钙化成鸡骨白色，淡褐色沁。龙首出廓，口张传神。龙体与飞凤为浮雕，琢工精准生动，传世难得之精品。

汉　**透雕云纹鸡心形玉佩**

高7.1厘米

白玉，质晶莹、温润通透，局部钙化灰痕，有淡淡的金黄色沁。出廓透雕，变形云纹柔婉生动，琢工异常精细，精品。

汉　**玉舞娘**

高7.3厘米

白玉，质晶莹、通透、玻璃光泽，钙化蚀斑褐色沁痕。琢工精细文秀，细发如丝。翘袖折腰半蹲状，质精工美，存世精品。

汉　**螭龙玉觿**

长15.0厘米

黄玉，质温润、无瑕，钙化灰褐沁蚀痕。刀工繁复精细，形象传神，为精品。

汉　**龙纹玉管**

长7.8厘米

白玉，质温润，局部钙化，灰斑褐色沁。浮雕龙纹，造型生动传神，精品。

汉　**翔鸠玉杖首**

长6.1厘米

白玉，质温润，局部有钙化斑痕，炒米黄色沁。
鸠鸟飞翔状，形传神。

汉　**双龙抱环佩**

长10.8厘米

黄玉，质纯净、无瑕，局部钙化，灰蚀斑纹，淡褐色沁。龙形生动传神，品列珍精。

汉　**绹纹玉瑗**
外径6.5厘米

黄玉，质润泽、通透、无瑕，玻璃光泽，朱红沁色，光彩照人。质精工细，品列珍精。

汉　**玉蝉**
长7.6厘米

白玉，质温润、无瑕，局部钙化，灰斑蚀纹。"汉八刀"典型工，质精工美，上品。

汉　**神人兽面纹玉饰**
高6.2厘米

白玉，质润透、无瑕，玻璃光泽，蚀斑洒金黄色沁。雕琢良渚期纹饰，形传神，刀工精，珍品。

汉　**兽首双羊玉佩**
高7.0厘米

玉质不辨，钙化成象牙白色，深、浅褐色沁。造型独特，兽首驮双羊，对吻传神。琢工透雕精准，遗世精珍。

汉　**龙首玉觿**

长16.8厘米

白玉，钙化灰斑，褐色沁。龙首尖尾，造型朴实无华而神采奕奕，为精品。

汉　**凤首玉觿**

长15.6厘米

黄玉，质温润、无瑕，大部已钙化成鸡骨白色。透雕凤首、觿身透雕变形云纹，工至精，造型雍容华贵，遗世精品。

汉 **龙凤纹鸡心佩**

高8.8厘米

白玉，质晶莹、温润、通透，局部有蚀斑灰纹，褐黄色沁，浅处金黄、润泽亮丽。龙凤相戏，琢工具有汉代神韵，形巧而精，质润而美，存世精珍。

汉　**透雕玉舞娘（一对）**

高7.5厘米

青白玉，质温润，玻璃光泽，遍体有钙化灰蚀斑痕。透雕，纹线简练文秀，汉代的典型刀工风格。应为玉组佩中的一对舞人，精品。

汉　**乐舞出廓玉瑗**

外径13.4厘米

黄玉，质晶莹、无瑕、温润、通透，玻璃光泽，局部有钙化蚀斑，褐沁。环饰乐舞人及诸动物形象，传神有动感。廓外饰龙耳坠，琢工精细深秀，品列精珍。

汉　**凤纹玉古琴**

长38.6厘米

白玉，油润蕴藉，纯净无瑕，局部钙化，兼附斑驳的淡褐沁痕，愈显古雅苍劲。琴面凸雕一凤，形象生动。七弦处嵌以绿松石，点睛之色，更彰华丽。器大质精工美，遗世颇罕，为汉代精绝之作。

汉　**透雕龙凤纹玉瑗**

外径10.4厘米

黄玉，质温润、纯净无瑕，局部钙化，灰蚀斑痕，褐色沁、有黑色水银沁点。双龙双凤交体，造型别致，琢工精美，汉代遗珍。

汉　**天鸡伏蛇（一对）**

长13.5厘米　高8.8厘米　宽5.3厘米

白玉，质油润、通透，黄香沁痕。刀工精美传神，为精品。

汉　**玉戈（一对）**

长20.9厘米　宽12.6厘米　厚0.5厘米

黄玉，质润透。勾连云纹、螭虎纹，汉初之精美遗珍。

唐　**玉马**

高5.9厘米　宽6.8厘米　厚7.0厘米

白玉，质温润。立马，神郁。刀工精美，黄土沁斑。

宋　**圆雕玉人**

高11.9厘米

白玉，质温润，褐红黑沁。立姿，神态温良朴厚。琢工精细，精品。

宋　**龙凤双螭玉饰**

高9.2厘米

青白玉，质润透，无瑕疵。纹饰繁复，琢工颇细，顶有鼻穿。宋代多拟古仿制，此为典型。

宋　**兽面凤耳纹方座玉簋**

高14.5厘米

白玉，质温润、通透、纯净无瑕，沁呈五种颜色：朱、灰、黄、绿、黑。造型古雅精美，器盖出戟，双凤耳，方盘座。通体浮雕饕餮纹，琢工精秀传神，为宋代仿金器之玉雕精品。

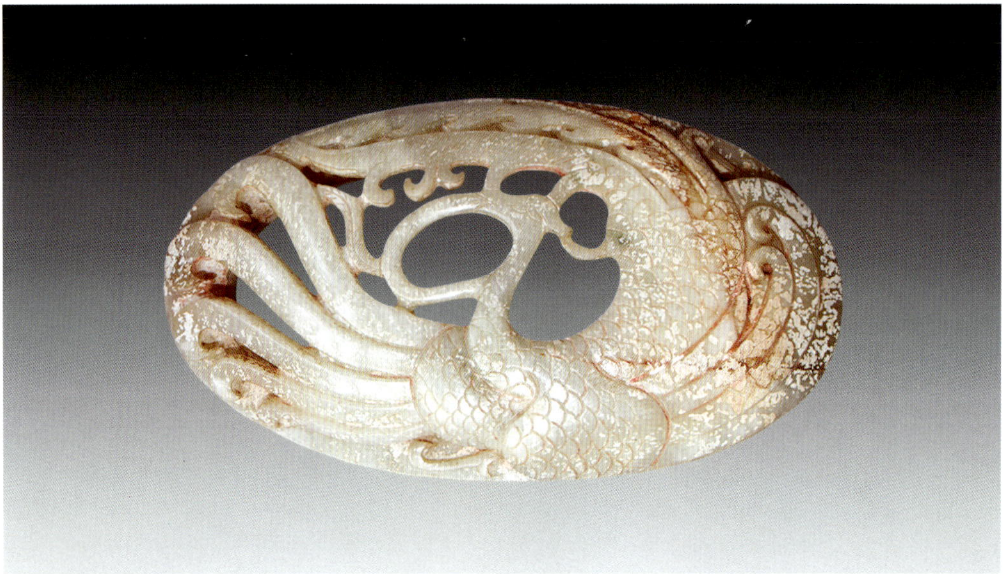

元　**玉如意吉子**

长12.0厘米

白玉，质润，褐、黑色沁，透雕。

附：中国新石器时代玉器年表

辽河流域	
兴隆洼文化	前 6000 －前 5000 年
查海文化	前 6000 －前 5000 年
新乐文化	前 5300 －前 4800 年
红山文化	前 4000 －前 3000 年
黄河流域	
裴李岗文化	前 5500 －前 4900 年
磁山文化	前 5400 －前 5100 年
仰韶文化	前 5000 －前 3000 年
大汶口文化	前 4300 －前 2500 年
马家窑文化	前 3300 －前 2050 年
龙山文化	前 2900 －前 2000 年
二里头文化	前 2100 －前 1700 年
齐家文化	前 2000 －前 1500 年
长江流域	
马家浜文化	前 5000 －前 4000 年
河姆渡文化	前 5000 －前 3300 年
大溪文化	前 4400 －前 3300 年
菘泽文化	前 4000 －前 3300 年
北阴阳营文化	前 4000 －前 3000 年

薛家港文化	前 3500 －前 2800 年
良渚文化	前 3300 －前 2200 年
卡若文化	前 3300 －前 2000 年
含山文化	前 3000 －前 2300 年
石家河文化	前 2600 －前 2000 年
屈家岭文化	前 2550 －前 2195 年

珠江流域

石峡文化	前 2900 －前 2700 年

后 记

秉承祖辈热衷于鉴赏古玩玉器的余绪，我从十八岁起开始收藏中国古玉器、金石书画，以及碑版法帖等文玩，至今已逾六十余年。时光荏苒，在收藏品的聚聚散散间，浸润着中国文化的精髓，蒙养着自己的文学艺术创作。在国运昌隆、经济腾飞的今天，收藏艺术品，有着异常丰富的文化内涵。收藏是一种高雅的审美活动。一件至精的玉雕，一幅至美的书法、绘画作品，带给欣赏者的将是一次无法替代的审美享受！然而，许多珍爱古玉的鉴藏者，往往被那些持有赝品的涉利者所欺骗。因此，精于鉴别真伪是十分必要的。

已登耄耋之年的我，自知浅陋，或出于一管之见而涉偏颇，却又难当老友们的耳提面命，故将几十年间曾经把玩、鉴赏过的中国古玉器珍品和研究心得，以及经历风雨而残存的精品图录，辑成篇什，奉献给古玉爱好者，权当参阅的资料，顺抛引玉之砖吧，以企方家匡正。

切盼有更多的古玉收藏家专美于斯，让我国博大精深、至善至美的玉文化，发扬光大。

是为记。

辛一夫

2009 年 3 月 30 日